未来の教育を創る教職教養指針

山﨑 準二・高野 和子【編集代表】

教職原論

高野 和子【編著】

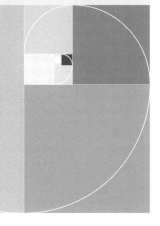

学文社

執筆者

髙野　和子	明治大学	[序章・第3章・終章]
吉岡真佐樹	京都府立大学名誉教授	[第1章]
長谷川哲也	岐阜大学	[第2章]
宮崎　充治	弘前大学	[第4章]
安藤　知子	上越教育大学	[第5章]
福島　裕敏	弘前大学	[第6章]
久保富三夫	和歌山大学名誉教授	[第7章]
山下　達也	明治大学	[第8章]

＜執筆順＞

シリーズ刊行にあたって

　21世紀の現在，国内外ともに，就学前教育から高等教育まで，また学校教育のみならず家庭や地域における教育までも巻き込んで，教育界はさまざまな「改革」が急速に進められてきている。教師教育（教師の養成・採用・研修）全般にわたる「改革」もまた，初等・中等教育の学習指導要領改訂に連動した教師教育の内容・方法・評価の「改革」として，また教師教育を担う大学・大学院の制度的組織的「改革」をも伴いつつ，急速に進められてきている。

　とりわけ近年，「実践的指導力の育成」というスローガンの下で，ともすると養成教育の内容と方法は，実務的・現場体験的なものに傾斜し，教職課程認定における行政指導も次第に細部にわたって強まってきている。さらに，「教員育成指標」「教職課程コアカリキュラム」の策定が行政主導で急速に進行しているが，教師教育の営みを画一化・閉鎖化しかねないと強い危惧の念を抱かざるを得ない。

　そのような教育全般および教師教育の「改革」状況のなかで，今回の新シリーズ「未来の教育を創る教職教養指針」を，主に大学等での養成教育における教職関連科目のテキストとして企画・刊行することにした。そして，以下のような2点をとくに意識し，現職教師の自主的主体的な研究活動も視野に入れて，本シリーズを，各巻編者も含めた私たちからの，教師教育カリキュラムの1つの提案としていきたい。

①教育学や心理学という学問内容の体系性ではなく，あくまで教師教育という営みにおけるカリキュラムの体系性を提起することを直接的な目的としているが，過度に実践的実務的な内容とするのではなく，教師自身が教育という現象や実践を把握し，判断し，改善していくために必要不可欠とな

るであろう，教育学・心理学などがこれまでに蓄積してきた実践的・理論的研究成果（原理・原則・価値，理論・概念・知識など）を提起すること。

同時に，即戦力育成を目的とした実務能力訓練としての「教員育成」ではなく，教育専門職者としての発達と力量形成を生涯にわたって遂げていくための教師教育を志向し，そのために必要不可欠な基盤づくりとしての養成教育カリキュラムの1つのあり方を提案するものでもあること。

②現在，教職課程認定行政のなかで「教職課程コアカリキュラム」が示され，すでにその枠組みの下で再課程認定が進められてきている。本シリーズは，本来，上記「コアカリ」という枠組みに対応するべく企画・編集されたものではないが，扱う内容領域としては，上記「コアカリ」の内容にも十分に対応し，さらにはそれを越える必要な学習を修めることができるものを構築すること。

ただし，「教職課程コアカリキュラム」との関係については，本シリーズの各巻・各章を"素材"として各授業担当者の判断・構想によるべきものであるので「対応表」的なものを示してはいない。なぜなら，「コアカリ」の○○番目に該当する□□章△△節を扱ったから同項目内容の学習は済んだという思考に陥ったとき，教師教育の担当者は自らの教師教育実践を研究的に省察の対象とすることを放棄してしまうことになるのではないか。さらには，そのような教師教育からは社会の変化が求めている自主的主体的な研究活動に立脚した"学び続ける"教師は育ちえず，たとえ育っているようにみえてもそこでの教育実践研究は既存の枠組みのなかでのテクニカルなものに限定されがちになってしまうではないかと代表編者は考えているからである。

最後に，本シリーズ名とした「未来の教育を創る教職教養指針」のうちの「教職教養指針」という用語について，説明しておきたい。同用語は，19世紀プロイセン・ドイツにおいて最初に教師養成所（Lehrerseminar）を創設し，自らその校長として教師教育の発展に尽力するとともに，以後の教育学・教科教育学および教師教育学などの理論的構築にも寄与したディースターヴェーク（Diesterweg, F. A. W., 1790-1866）の主著『ドイツの教師に寄せる教職教養指針

(Wegweiser zur Bildung für Deutsche Lehrer)』（初版 1835 年）から採ったものである。正確に述べておくならば，今日的な直訳は「ドイツの教師に寄せる陶冶のための指針」であるが，日本におけるディースターヴェーク研究・西洋教育史研究の泰斗・長尾十三二博士による訳語「教職教養指針」を使わせていただいた。ディースターヴェークの同上主著は，その後彼が没するまでに 4 版が刊行され，次第に質量ともに充実したものとなっていったが，当時の教育学や心理学，教科教育学やその基盤を成す人文社会科学・自然科学・芸術など各学問分野の第一級の研究者を結集して創り上げていった「ドイツの教師（それは，近代的専門職としての確立を意味する呼称である Lehrer ＝教師：現職教師および教師志望学生たちも含める）」に寄せる「教職教養指針」なのである。同書では「教師に関する授業のための諸規則」も詳述されているが，その最後の箇所で，それらの諸規則を真に認識するためには行為（実践）が必要であること，「最も正しい根本諸原理を自分の頭で考えて理解し応用すること」によってはじめて状況に対応した教育的な機転・判断能力が育成されるのだと強調されている。本テキスト・シリーズも，そういう性格・位置づけのものとして受け止め，活用していただきたいと願っている。

　本シリーズがディースターヴェークの同上主著と同等のものであるというのはあまりに口幅ったい物言いであるといえようが，しかし少なくとも本シリーズ企画への思いは彼の同上主著への思いと同様である／ありたい。そういう意味では本シリーズは「現代日本の教師（研究を基盤にすえた高度な専門職をめざし日々研鑽と修養に励む現職教師および教師志望学生たち）に寄せる教職教養指針」である／ありたいのである。

　本シリーズが，大学のみならず教育実践現場や教育行政において教師教育という営みに携わる教育関係者，教職課程を履修する学生，さらには教育という営為・現象に関心を寄せる多くの方々にも，広く読まれ，活用され，そして議論の素材とされることを願っている。

2018 年 10 月

シリーズ編集代表　山﨑　準二・高野　和子

目　次

序　章　学校教育と教員 ……………………………………………………… 1

第Ⅰ部　教員として育つ

第1章　日本の教師教育システム―歴史と現状― ……………………… 9
第2章　養成段階における体験的な学び …………………………………… 29
第3章　教員になることを選びとる ………………………………………… 49

第Ⅱ部　教員の仕事

第4章　教員の日々 …………………………………………………………… 69
第5章　子どもの学びと育ちを支える人々との連携 ……………………… 89
第6章　教員の仕事と専門性・専門職性 …………………………………… 108

第Ⅲ部　教員として生きる

第7章　教員として働く ……………………………………………………… 129
第8章　国家と教員 …………………………………………………………… 150

終　章　これからの教員のために …………………………………………… 168

資　料　173
索　引　179

序章

学校教育と教員

1 教師，教員，教職

　教えるという行為は人類の歴史とともにある。家族，部族，地域社会，職業集団といった集団のなかで次の世代へと文化の継承がなされなければその集団が存続できないからである。そして，やがてものを教えることを専門にする人が生まれてくる。「教師」である。「教師」は，ギリシャ時代，知識の商人ともいわれたソフィストとしてすでに存在した。

　これに対して「教員」は，「教師」のなかでも学校という公的な組織に勤務して教える者をさす。ここでいう学校とは，貴族や聖職者といった一部の身分の人々が通うものではなく，近代公教育制度における皆学制の学校のことである。この近代学校で子どもを教える「教員」のために，入職の条件となる資格が公的に認定され，目的意識的な養成が行われ，職務内容についての規定がなされ，義務や制限が法定されることになる。「教員」は近代国民国家の成立以降にあらわれた歴史的な存在なのである。

　今日において，「教師」という用語は上記の意味での「教員」を含みつつもきわめて広い使い方をされている。一般的には「教師」と「教員」が厳密に区別して使われているわけではないが，「教員」が「学校組織の一員」というニュアンスであるのに対し，「教師」は「組織の一員」という範囲に収まりきらない，あるいは「教員」に付随するさまざまな条件・制約を受けないという意味合いや，子どもとの人格的関係・模範・権威といった価値的意味合いをもって使われる傾向がある。

　実際には，学校現場での一人ひとりは「教員」と「教師」の両側面をあわせもって仕事をしており，これらの両側面が個々人の内面で互いに対立葛藤する

局面[1]や,「教員」として求められる役割への違和感をもったり,「教師」と「教員」の間で引き裂かれそうになったりする場面も生じてくる。

　本書のタイトルになっている「教職（teaching profession）」とは,教育に関する職業,現在では公教育の学校で教育を専門的に担う仕事という意味である。

2　今日の日本の学校教育と教員—「改革」の時代のなかで

　日本の学校教育と教員を考えるには,まず,教育の憲法ともいわれる教育基本法をみておかねばならない。1947年に制定された教育基本法（旧法）は日本国憲法とともに,戦後教育改革を方向づけたものであったが,2006年12月に全面改正された（現行法）。

　教員について,旧法では「法律に定める学校の教員は,全体の奉仕者であって,自己の使命を自覚し,その職責の遂行に努めなければならない」（旧法第6条2項：下線は筆者,以下同）とされていた。それが,改正後の現行法では「法律に定める学校の教員は,自己の崇高な使命を深く自覚し,絶えず研究と修養に励み,その職責の遂行に努めなければならない」（現行法第9条1項）となった。「全体の奉仕者」が削除され,「使命」に「崇高」と「深く」が付加されたのである。旧法の「全体の奉仕者」という規定は,国公私立すべての学校教員を対象にしており,その趣旨は「教育は,国民全体に対する責任において行われるべきものであるから,学校の教員もすべて国民全体に奉仕すべきもの」であり,「ある階級,組合,政党,官僚,学校の設置者等の一部の利益のために仕えてはならない」と説明されていた[2]。教員の職務が公共性をもつということである。この公共性にかかわる規定が削除され,一方で「崇高」といった「聖職論」を想起させる価値が付与された。これは専門職の自律性を削ぐことにつながるとの指摘もある[3]。この状況のもとで,日本の教員が仕事をすることになっていることは,認識しておかねばならない[4]。

　つぎに,教員が属する組織,つまり「法律に定める学校」とは,現在の日本では学校教育法第1条にいう「学校」（1条校）,すなわち,幼稚園,小学校,中学校,義務教育学校,高等学校,中等教育学校,特別支援学校,大学および

高等専門学校である。専修学校や塾，フリースクールはここでいう「学校」にはあたらないので，そこで教える人は「教師」ではあっても「法律に定める学校の教員」ではないというのが法律的な位置になる。公教育の学校への社会的期待が変化する―学習指導要領の改訂をみれば，国が学校に期待する"子どもにつけてほしい力"がその時々に変化していることがわかるだろう―に伴い，教員に求められる役割も変わってくる。

　公教育，とくに義務教育の場合，対象となる子どもすべてが通える学校を設置し，そこで教育を担当する教員を量的に確保することが絶対の条件である。保育所については待機児童が問題となっているが，義務教育である小・中学校に待機児童・生徒が生じることは許されない。また，義務教育以降の学校への進学率が高まれば，それに応じて教員が必要となる。そのため，教員は資格の必要な専門職としては，例外的ともいえるほど規模の大きい集団となる。幼稚園・小・中・高・特別支援学校教員の 110 万 9170 人（2015 年国勢調査による。幼稚園を除くと 99 万 6910 人）は，医師 27 万 5250 人，薬剤師 21 万 8740 人とは規模がまったく異なる。量的には看護師（准看護師を含む）の 130 万 60 人には及ばないが，教員は，すべての成人が最低でも 9 年間という長期にわたって身近に接した経験をもつ職種であり，社会的なまなざされ方という点では独特の厳しさにさらされる。

　「教員」が組織に属して教える人であるということは，雇われて働く人であるということだ。雇用者比率は医師が 69.6％，歯科医師 30.8％，薬剤師 87.4％，公認会計士 60.3％，税理士 18.4％ であるのに対し，教員はすべての校種でほぼ 100％ である（2015 年国勢調査）。自営が成立せず，雇用関係に入らなければ教員免許状を生かすことができないこの状態が，雇用主との関係で専門職としての葛藤を生むことになる。

　教育改革が叫ばれる時代には，教員とその仕事の仕方に「改革」の焦点が当てられる。「教員の質」が「教育の質」を規定すると考えられるためである。そのなかで，近年，教員の仕事の仕方について，スタンダード化，マニュアル化が進んでいる。これは日本に特有のことではない。フィンランドの教育学者

Pasi Sahlberg はグローバル教育改革運動 GERM（Global Education Reform Movement）という用語によって，グローバル化が進んだことによって，世界中で教育の政治的領域に同じような状況が生じていることを描き出している。基準化された学習（一人ひとりに合わせた学習ではなく），読み書き・計算の偏重（子ども全体をまるごと捉えるのではなく），所定のカリキュラムの遵守，産業界モデルの教育界への移転，テストに基づくアカウンタビリティといった共通の状況である[5]。今日の学校と教員は，「教職の専門性そのものを他に容易に代替が利く軽微なものへと押し下げてしまう」[6]スタンダード化圧力のもとにおかれているのである。

3　本書『教職原論』のめざすところと内容構成

1 で「教員」というものが歴史的な存在であることを述べたが，本書は歴史的な存在としてさまざまな条件・制約のもとで子どもと向きあって仕事をする「教員」について理解を深めるためのものである。そのためには，まず，今日の（時代），日本の（国），教員とその仕事（職業）について，十分な理解を獲得することが必要である。それと同時に，本書は，読者が，それらを相対化して考える力を養えるものであることをめざしている。歴史的・比較的視点をもって今日の日本の教員を考える力をつけていただきたいということである。

本論部分は全8章から構成されている。大くくりにして，主として第1～3章が《教員として育つ》，第4～6章が《教員の仕事》，第7・8章が《教員として生きる》を考えるものとなっている。

第1章「日本の教師教育システム―歴史と現状」では，教員の養成・採用・研修という教師教育のシステム―読者であるあなたにとっては教員になるプロセス―について，日本における歴史と現在，および，他国と比較した場合の特徴・課題が論じられている。以下でもふれるが，続く各章を読む際にそのつどこの第1章に立ち戻って確認するといった読み方をしていただきたい。

第2章「教員養成における体験的な学び」では，まず，第1章で検討された近年の改革動向が「実践的指導力」にフォーカスして確認され，次に教育実習

を含めたさまざまな学校現場体験の状況が示され，そのうえで，学校現場体験について学生が「省察」することが提起される。ここでの「省察」の記述と第4章の現場教員の「省察」とを相互に参照しながら読むことで理解が深まるだろう。

　第3章「教員になることを選びとる」は，まず，教員になるための前提である教員免許状の制度と教員採用の仕組み・実態について解説し，次に，大学を卒業して教員として就職することについて論じている。第1章で学んだ教師教育のシステムのなかでの教員採用の位置や第7章で述べられる教員の勤務実態と合わせて，"教員という職業を選ぶ"ことについて考えていただきたい。

　第4章「教員の日々」は，小・中学校二人の先生の具体的な働きぶりから導入される。そして，教員の仕事の特徴が，現状とその現状をもたらしているものとの関係で明らかにされ，そのうえで，仕事のなかで自身が成長しつつ仕事そのものを変えていく可能性について論じられる。

　第5章「子どもの学びと育ちを支える人々との連携」では，日本の教員の長時間勤務・多忙の解決策として注目されている「チーム学校」というものについて，その提起が必要になった学校の現状，「チーム学校」の具体化について説いたあと，「チーム学校」にはいくつかのケース（パターン）が想定され，それに応じてほかの職種・地域・保護者との関係での教員の役割が異なってくることが論じられる。第4章で学んだ教員の仕事の特徴と，この章で教員と他職種との関係を考えることとを組み合わせてもらいたい。教員の"本来の仕事"とは何か，をめぐるここでの考察は，教員の専門性を論じる次の第6章につながっていく。

　第6章「教員の仕事と専門性・専門職性」では，まず，教員が社会的・制度的な存在であることを確認したうえで，教員がかかえる問題をその仕事の本来的むずかしさと教員という社会層の課題から論じ，教員が専門職として確立されることの困難を指摘している。つぎに日本の歴史と現状が「献身的教師像」をキーワードにして分析され，最後に教員の専門性・専門職性の現在と今後が論じられる。第4章「教員の日々」と対応させながら読むと理解しやすいだろ

う。

　第7章「教員として働く」では，教員の身分と服務，研修，生活と健康に関わる制度とそのもとでの実態・問題点を明らかにし，教職員組合の存在の重要性が論じられる。そして，これら日本の実態が，教員をめぐる国際的な合意の水準から照らし直される。第4章の教員の仕事の実態，第5章の「チーム学校」，第6章の専門性・専門職性の現在は，すべてこの第7章とかかわっている。

　第8章「国家と教員」では，まず，教員が近代以降の学校教育を担う職業人として誕生したことが説明され，次に「教師」ではなく「教員」であることによる制約・矛盾が極限的な形で表れた時代と場所（植民地期の朝鮮）における教員の実態が示される。そのうえで，歴史のなかの教師たちの苦悩は読者と無縁か，が問いかけられる。この章を読みながら，第1章で戦前日本の制度を確かめ，第4章で歴史的・社会的な文脈に枠づけられながら「子どもの最善の利益」のために仕事に取り組み省察する教員のあり方に戻っていただきたい。

　本書は，大学で「教職概論」「教職入門」といった科目名で開講される授業（教育職員免許法施行規則の区分では「教職の意義及び教員の役割・職務内容（チーム学校への対応を含む。）」のテキストとして編まれているが，「教育実習，学校インターンシップ（学校体験活動）」について深く理解して学び実践し，「教職実践演習」も通じて，教職への入職に備える，あるいは入職後に学び直すことができる内容となっている。

　2016年12月に教育機会確保法（義務教育の段階における普通教育に相当する教育の機会の確保等に関する法律）が成立したが，そこに至る議論においては，フリースクールなど，これまで公教育の外におかれてきた学びの場が子どもたちのために果たしている役割の重要性が浮かび上がった。学びの場があるということは，そこで子どもの学びと育ちにかかわるスタッフ（教師）がいるということである。「教員」以外にも教えることを職業とする人々は数多く存在し，広がってきている。本書で「教員」を学ぶことを通して，広く教育にかかわる職業について考えていっていただきたい。

注
1）今津孝次郎（2012）『教師が育つ条件』岩波書店，はしがき。
2）教育法令研究会（1947）『教育基本法の解説』国立書院，100頁。
3）清原正義・末冨芳・本図愛美編（2008）『教育基本法から見る日本の教育と制度―改正教育基本法で何が変わるか』協同出版，167-168頁。同書では「自立」と表記されている。
4）ただし，「全体の奉仕者」を削除したことについて，「教員の職務の公共性は従来と変わるものではない」と解説されてはいる（田中壮一郎監修・教育基本法研究会編（2007）『逐条解説 改正教育基本法』第一法規，131頁）。
5）Sahlberg, P.（2015）*Finnish Lessons 2.0: What can the world learn from educational change in Finland?*, Teachers College, p. 149.
6）アンディ・ハーグリーブス／木村優・篠原岳司・秋田喜代美監訳（2015）『知識社会の学校と教師―不安定な時代における教育』金子書房，351頁。

第 I 部　教員として育つ

第1章
日本の教師教育システム―歴史と現状―

　一国の教員の地位と役割，そしてその現代的課題を考えるとき，その養成・採用・研修の仕組み，すなわち教師教育のシステムを総体として理解するとともにその発展の歴史について理解することが重要である。日本の教師教育システムは，養成・採用・研修のそれぞれについて独自の特徴と課題ないし問題点を持っている。

　本章では，戦後の教員養成制度の理念とその展開（第**1**〜**3**），採用制度および研修制度の特徴と課題（**4** **5**）について整理し，最後に現在の教師教育改革の動向について検討してまとめとしたい。

1　戦後日本の教員養成制度の理念と原則
（1）天皇制国家体制下の教員養成

　現在のわが国の教員養成制度は，第二次世界大戦後の憲法・教育基本法（旧法）体制の成立とともに出発した。その制度理念は，戦前の教師教育制度の反省と批判の上につくられたものである。

　戦前の学校教員は，天皇制国家体制のもとでそれを支える支柱として位置づけられ，国家体制の維持のために重要な役割を担わされていた。とりわけ小学校教員は「聖職」とされ，官吏に準ずる身分を与えられ，児童や父母に対して特別な権威をもつ，尊敬されるべき対象として存在した。しかしその実態は，職業上の自由および政治的社会的活動の自由を大きく制限されるとともに，経済的にも恵まれない存在であった。

　戦前の小学校教員の養成は，主に「師範学校」を通じて行われた。それは中等教育レベルに位置づけられる学校であり，高等小学校に接続し，小学校教員養成のみを目的とする「厳重な国家の統制下にある」（阿部重孝　1936）学校で

あった。そこでは，初代文部大臣森有礼の提唱した「順良，信愛，威重」という三気質（徳目）を体得することが目標とされた。全寮制で学費は不要，さらには制服や日用品，学資や食料の支給があったが，軍隊式の生活を強要され，卒業後は指定された小学校への服務が義務づけられていた。

また師範学校を経ずに，府県ごとに行われた「小学校教員検定」を受験して教員資格を取得するルートも存在した。ただし注目すべきは，師範学校，中学校あるいは高等女学校などの教員免許状を有する者は「無試験検定」として，試験を受けることなく教員資格を得ることができるようになっていたことである。すなわち，専門職としての教育よりも，基礎的な学歴が優先される原理となっていたのである。

これに対して，中等学校教員は，主に2ないし3つのルートを経て教員資格を取得することになっていた。

第一は，東京および広島の高等師範学校を修了して教員資格を得るコースである。高等師範学校は，師範学校あるいは中学校等の卒業を入学資格とする学校で，ここでの4年間の学修を経て，師範学校，中学校および高等女学校の教員を養成することを目的とした。また高等女学校および女子師範学校教員養成のためには，東京と奈良に女子高等師範学校がおかれていた。

第二は，教員検定による資格付与であり，それには「試験検定」と「無試験検定」が存在した。前者は，中学校あるいは高等女学校の卒業，あるいは小学校教員の資格を有することなどが受験資格であり，地方ごとに行われる予備試験と東京で行われる本試験があった。後者は，文部大臣の指定した帝国大学，官立大学，公私立大学，専門学校等の卒業者などを対象に行われる検定であり，試験を行わずに資格を付与するというものであった（阿部重孝　1936）。

このように，戦前の教員養成・資格制度は，複線型の学校体系に対応して，小学校教員と中等学校教員の養成経路を峻別するものであった。両者の間の格差は，官吏としての地位のうえでも，また給与のうえでも歴然としていた。

（2）戦後教員養成の理念と原則

　敗戦とそれに続く戦後教育改革のなかで，日本の教育制度は根本から変化した。日本国憲法と教育基本法（旧法）の成立は，教育を，天皇に対する臣民の義務から，国民の権利へと反転させた。6・3・3制の単線型学校制度がつくられ，教育の全面的な民主化がめざされた。このような大転換のなかで，教員養成制度も改革の重要な環として再構築されることとなった。

　戦後教育の原理と構想を中心的に議論したのは教育刷新委員会であるが，新たな教員養成制度についてもここで議論された。

　教育刷新委員会の議論のなかで，まず明確にされたのは，教員資格の「免許状主義」である。新たな学校制度のもとで，幼稚園，小学校，中学校，高等学校などが設置されることとなったが，それらの学校の正教員は「教諭」とされ，その資格は「教員免許状を有する者」となった。この免許状主義は，きわめて複雑であった戦前の教員資格制度を単純化し，専門職としての新たな統一的な教員資格および教員像をめざすものであった。そしてこれを具体化するために「教育職員免許法」が構想された。続いて教育刷新委員会は，教員養成に際して，①「大学における教員養成」および，②「免許状授与の開放制」という二大原則を提示した（海後宗臣　1971 年，71 頁など）。

　①は，文字どおり養成は「大学」において行わなければならないとするものである。師範学校を通じての教員統制が，天皇制国家体制を支える要であったのであり，教育刷新委員会にはこのような体制を復活させてならないという強い反省が存在した。さらに教員養成は，単に高等教育機関で行われるだけでは不十分であり，学問の自由が尊重・保障され，多様な分野の研究が総合的に集積する「大学」において行われなければならないと構想されたのである。

　つぎに②は，教員養成に特化した，特別な教育機関に教員養成を一元化させることは，学校教育を画一的で閉鎖的なものにするという主張である。もとより教員養成を主たる目的とする大学の存在を否定するものではないが，多様な大学でさまざまな学問分野を修めた学生が，あわせて教職に求められる研究・学習も修めているならば，積極的に教職への参入を認めようとするものである。

これにより幅広い人材の確保が可能となり，より豊かな教員像を実現しうると考えたのである。

このような2つの原則が，今日まで教員養成制度を構築する際の基本原理となっている。

2 教員養成制度の変遷

(1) 1954年教免法改正

教育職員免許法（以下，教免法）は，1949年に成立する。以後，教員養成制度は主にこの法律の改正を通じて変化していくことになる。多くの場合，改正に先立って，中央教育審議会（以下，中教審）あるいは教育職員養成審議会（以下，教養審）などの政府機関が，改革の背景と基本方針を説明している。

教免法が最初に大きく改正されたのは，1954年である。当初の教免法は，教諭免許状以外に，校長，指導主事および教育長のために独自の免許状制度を設けていたが，この改正でそれらが廃止されたのである。専門職としての教員に長期にわたる特別な訓練が求められるとするならば，これらの職にはさらに教育行政や学校経営に関する専門的な能力が求められるというのが立法時の構想であった。しかし当時の状況では，そのための具体的な条件が整わず，いわば未完の免許状制度とならざるをえなかったのである。

(2) 1971年中教審答申

つぎに，大きな転換をもたらしたのは，1971年の中教審答申「今後における学校教育の総合的な拡充整備のための基本的施策について」であった。

この答申は，学校制度の全般にわたって重要な提起を行った答申であり，1988年の臨時教育審議会（以下，臨教審）答申と相まって，現在までのわが国の教育改革の基本方向を提起するものとなった。そこには，「教員の養成確保とその地位の向上のための施策」として，次のような諸点が指摘されている。

①教員養成の目的大学化。初等教育教員の養成は，その目的にふさわしい特

別な教育課程をもつ高等教育機関（「教員養成大学」）で行い，中等教育教員の養成は，教員養成大学と一般大学で行う。
②国は教員養成大学の整備充実に力を注ぐとともに，特に義務教育諸学校の教員の確保のために計画的な養成と奨学制度の拡充を図る。
③実際的な指導能力の向上をはかるために，1年間程度の実地修練を実施し，その成績に基づいて教諭に採用する制度を検討する。
④一般社会人の受入のために検定制度を拡大する。
⑤高度の専門性をもつ教員に特別な地位と給与を与える制度を創設する。そのために現職教員の研修を目的とする修士課程大学院を設ける。
⑥教員給与の改善。

このように，答申は，優秀な教員の確保，とりわけ義務教育教員の安定的な確保のために，養成，採用，研修のそれぞれの段階で必要な仕組みをつくるべきであると提案している。①②は大学での小・中学校教員の養成をより目的的な仕組みへと改変すべきとするものであり，③はいわゆる「教員試補制度」の提案である。④は免許状制度の例外を拡大するものであり，⑤は教員の地位・身分を重層化するとともに，それを教員研修用の特別な大学院大学の創設と連動させようとする提案である。

これらの提案は，すぐには実現することはなかったが，その後の制度改革の基調となった。たとえば「試補制度」は今日まで実現してはいないが，1988年に初任者研修制度として一部実現した。④については，免許状制度の例外としていくつかの教員検定試験が創設されるとともに，1988年には特別免許状および特別非常勤講師制度がつくられた。⑤については，1978年以降，いわゆる「新構想教員養成大学」として，兵庫教育大学，上越教育大学，鳴門教育大学がつくられた。

（3）「実践的指導力と使命感」の強調

1971年中教審答申以降，政府文書で一貫して強調されているのは，教員の「資質能力の向上」であり，具体的には教員の「実践的指導力と使命感」の育

成である。

　たとえば，1978年の中教審答申「教員の資質能力の向上について」では，教員には「広い教養，豊かな人間性，深い教育的愛情，教育者としての使命感，充実した指導力，児童・生徒との心の触れ合い」が求められることが強調されており，臨教審第2次答申（1986年）では，「大学の養成においては，幅広い人間性，教科・教職に必要とされる基礎的・理論的内容と採用後必要とされる実践的指導力の基礎の修得に重点を置き，採用後の研修においては，それらの上に立ってさらに実践的指導力を向上させることに重点を置くこととする」とされている。

　さらに1997年の教養審答申「新たな時代に向けた教員養成の改善方策について 第1次答申）」では，教員として求められる資質能力を次のように定式化している。

①いつの時代にも求められる資質能力

　「教育者としての使命感，人間の成長・発達についての深い理解，幼児・児童・生徒に対する教育的愛情，教科等に関する専門的知識，広く豊かな教養，そしてこれらを基盤とした実践的指導力」

②今後特に求められる資質能力

　「地球的視野に立って行動するための資質能力（地球，国家，人間等に関する適切な理解。豊かな人間性。国際社会で必要とされる基本的資質能力）」

　「変化の時代を生きる社会人に求められる資質能力（課題解決能力等に関わるもの。人間関係に関わるもの。社会の変化に適応するための知識及び理解。）」

　「教員の職務から必然的に求められる資質能力（幼児・児童・生徒や教育の在り方に関する適切な理解。教職に関する愛着，誇り，一体感。教科指導，生徒指導等のための知識，技能及び態度）」

③得意分野を保つ個性豊かな教員の必要性

　「画一的な教員像を求めることは避け，生涯にわたり資質能力の向上を図るという前提に立って，全教員に共通に求められる基礎的・基本的な資質能力を確保するとともに，更に積極的に各人の得意分野づくりや個性の伸

長を図る」

さらに1999年の教養審「養成と採用・研修との連携の円滑化について（第3次答申）」では，以上の資質能力の提示に加えて「教員の各ライフステージに応じて求められる資質能力」を，初任者，中堅教員，管理職の段階にわけて，それぞれ具体的に定式化している。

このように1970年代から2000年に至る時期における政府の教師教育改革の基調は，一貫して教員の「資質能力の向上」を求めるものであり，その核心は「実践的指導力と使命感」の育成にあった。そしてそれらは教員の養成，採用，研修の全過程を通じて形成されるものであり，大学における養成は「実践的指導力の基礎」を育成するものでなくてはならないとされた。

(4) 教員免許状制度の改変

また1980年代以降，教員免許状制度は，1988年および1998年の全面的な改正を節目として，連続的に改変がなされてきた。

まず，1988年の改革は，臨教審答申および1987年の教養審答申（「教員の資質能力の向上策について」）を受けて，①従来の1級および2級の普通免許状を3つに区分し，専修，1種および2種免許状とする，②小・中・高校等の免許基準を引き上げる－小学校1種免許59単位（旧48単位），中学校および高校1種免許59単位（旧46ないし54単位），③教職に関する専門教育科目の増加と内容の指定－小41（旧32），中・高19（旧14），④教育実習単位数の増加－小5（旧4），中・高3（旧2），事前・事後指導を含む，であった。

つぎに1998年の免許状改革は，1997年および1998年教養審答申（「修士課程を積極的に活用した教員養成の在り方について―現職教員の再教育の推進―（第2次答申）」）を受けて行われた改変であり，教員養成カリキュラムの基本構造を転換するものと説明された。すなわち必要な単位数は現行のままとして，①教職専門科目の新設と組み替え（「教職の意義及び教員の役割」など），②「教科又は教職に関する科目」区分の新設，③「総合演習」の新設，④中学の1種免許状の教育実習を2週間（3単位）から4週間（5単位）に拡大するなどで

あった。

なおこれと前後して,「高校社会」科の免許状を「地理歴史」科と「公民」科の免許状に分割する（1989年）,高校の免許状に「情報」科と「福祉」科を追加する（2000年）などの改変も行われた。

3 大学教職課程の発展と現状

（1）新制大学と教職課程

それでは戦後,大学の教職課程はどのように発展してきたのであろうか。

新たな大学制度は1949年に出発した。戦前にすでに大学であったものに加えて,戦前の専門学校なども新たに大学となった。師範学校も,国立大学の教育学部あるいは学芸学部,もしくは学芸大学,教育大学として大学となった。

先に述べたように,「開放制」免許制度のもとで,国公私立のすべての大学で教員養成を行うことができることとなった（1953年からは文部大臣による教職課程の認定が行われるようになった）。ただし教育学研究と教員養成という視点からみると,次の3つパターンの大学が存在することとなった。

まず第一は,旧師範学校を母体とした国立学芸大学あるいは学芸学部,教育学部である。学芸学部と教育学部の名称のちがいは,主に設立の経緯によるものであった。つまり,大学設立に際して同一地域内に旧制高等学校があった場合は,それを主として「文理学部」あるいは「人文学部」として包括し,旧師範学校を「教育学部」とした。他方,旧制高校のない地域では,旧師範学校は「学芸学部」として包括された。

第二は,東京や京都などの旧帝国大学に設置された教育学部である。これらの教育学部は,教職課程を担当するという点では上述の教育学部と同様であるが,他方「①大学内の他の専門学部と併立し,②教員養成を主たる機能とはせず,③教育研究者・教育行政専門家の育成をはかる」学部（海後宗臣 1971,110頁）として独自の目的を鮮明にしていた。戦前の高等師範学校もまた,このタイプの教育学部となった。さらに少数ではあるが,戦前からの伝統の上に,早稲田大学など教育学あるいは教育学科を設置する私立大学も存在した。

そして第三は,教育学部・学科をもたないそのほかの国公私立の大学であり,新たに教職課程を設けて教員養成を行う,いわゆる「一般大学」である。

このような形で教育学研究および教職課程は出発したが,その実態は理念とは大きく異なり,それぞれのパターンにおいて,多大の困難をかかえながらの出発を余儀なくされた。戦後の財政難のなかでそれぞれの教職課程の理念・目的を具体化することの困難に加えて,大学での教育学研究の歴史が浅いわが国にあっては,帝国大学を母体にした教育学部であっても,適切なスタッフを集めることには相当の困難,あるいは限界があった。

(2) アカデミシャンとエデュケーショニストの論争

そもそも教育刷新委員会における教員養成制度改革の議論において,大学での教員養成に際して,そのカリキュラムの中心となるのはどのような要素であるのかをめぐって,厳しい論争が存在した。すなわち,養成教育の理念・目標として「自由学芸(リベラルアーツ)」を重視するのか,あるいは専門職教育としての教育学教育を重視するのかの論争,アカデミシャンとエデュケーショニストとの論争であった。

城戸幡太郎,倉橋惣三らは,教師の教養としては「教育科学」あるいは「教育の科学的研究」を基礎とする必要があると主張し,そのためには「大学」と並んで特別な高等教育機関があってもよいと主張した。これに対して天野貞祐,戸田禎三など多くの委員は,戦前の師範学校の閉鎖制を非難しつつ「教育者にとっての特別な教養については消極的で,学問ができていれば教師はつとまるとする見解」を支持していたとされている。

この論争に決着がつくこと,すなわち一般教養と教育学研究の統一的把握という地平に議論は収斂しなかった。大学における教育学研究の整備はその緒についたばかりであったし,他方で「リベラルアーツ・コースを中心とする教員養成のための学科課程の構想も,なお具体性,現実性を欠く」ものであった(海後宗臣 1971, 165頁)。

（3）大学教職課程の発展と課題

　戦後教育改革のなかで登場した，上述の３つのパターンの教員養成課程はそれぞれ，時々の課題・困難と向き合いながら，今日まで「大学における教員養成」と「開放制」を発展させてきている。

　旧師範学校を母体にした国立学芸大学・学部，教育大学・学部，とりわけ小学校教員養成課程は，国が予測する教員の需給状況に基づきその学生定員を厳しく制限される（「計画養成」）とともに，その時々の教育政策に強く規制されてきている。まず1950年代末から1960年代中頃には，「学芸大学・学部」の名称が教育大学・学部へと改変させられるとともに，卒業のためには教員免許状の取得が義務づけられるようになった。その後，教員需要数の変化に伴っていわゆる「ゼロ免課程」（教員免許状の取得を卒業要件としない課程・コース）の制度化が図られた時期もあったが，今日では再びそのような定員枠は解消される方向に進んでいる。またこれらの学部は，1960年代以降，「課程－学科目制」という特別な管理制度に基づいて，国立大学の他学部に比べてその教育・研究費を低く抑えられてきている。

　旧帝大系の教育学部は，教育学研究の発展の一方で，それを教職課程教育の充実とどのように結びつけていくのか，さらには大学全体の教職課程教育に対してどのような役割を果たすかという点で，引き続き多くの課題を残している。

　一般大学における教職課程は，大学ごとにその水準はきわめて多様である。しかし引き続き最低限の規模で教育・研究活動を行う場合が大半であり，そこでの教育学研究の水準は，不十分である場合がほとんどである。ただし教職課程をもつ私立大学は1980年「全国私立大学教職課程連絡教協議会（全私教協）」―2016年からは「全国私立大学教職課程協会」―を結成し，恒常的に「開放制教育職員免許制度の下における教師教育の充実と発展」をめざして活動を進めている。

（4）大学の変容と「大学における教員養成」

　現在まで，「大学における教員養成」と「開放制」は，さまざまな課題を顕

在化させつつも基本的に守られてきた。また，政府の政策文書のなかでも，「開放制」を公然と否定したものは存在しない。2016年5月の統計によると，大学総数752校，短期大学総数349校のうち，教職課程をもつ大学は，605校（80.5％），短期大学241校（69.1％），大学院では総数626校に対して433校（69.2％）となっている（『教育委員会月報』2017年6月号）。

　しかし現在，この原則は実質的な意義を失うあるおそれがある。あるいはその理念をさらに発展させる新たな努力が求められている。その要因は，大学自体の変化である。

　まず，学生にとって学習の「自由度」が狭まっていることがあげられる。教職志望の学生，とりわけ「一般大学」の学生は，免許教科にかかわる専門分野の学習を深めながら，並行して教職専門科目および教育科学の学習・研究を行う必要がある。当然多くの科目の履修を求められることになるとともに，長時間講義に拘束されることになる。それぞれの興味と必要に応じた自主的で自由な学習時間の確保はきわめてむずかしくなっている。

　他方で，大学での学問の発展は，教育・研究の構造自体を大きく変えつつある。法，文，理，工，農，医，薬あるいは経済，教育といった伝統的な学部以外に，複合的な名称をもった学部が増加している。そこでの学習・研究と学校教員に求められる基礎的な教科専門の能力には大きな乖離が生じつつある。たとえば，家政系学部の教育・研究は，食，住，教育，保育，福祉，デザインなどへと分離・発展の過程をたどる。しかし家庭科教員としては，各分野にわたる総合的な専門的能力が要求される。あるいは，学部の名称・教育内容と，小・中・高校の教科が単純には結びつきにくい学部が増加している。これらの学部での教育・研究と教職課程カリキュラムの関係は複雑な問題を生じさせている。

　そして第三の問題として，この間の大学（生）そのものの性格の変化がある。

　戦後の教員養成制度が出発した時点の大学進学率は，10％程度であった。しかしその後，マーチン・トロウが整理したように，日本の大学はエリートからマスを経てユニバーサル段階へと移行し，現在では大学進学率は優に5割を超

えている。

　教育刷新委員会で議論されたのは，戦前以来のきわめて特権的な存在としての大学であり，大学生であった。しかし今日の大衆化した大学像はそれと大きく異なる。学問的真理を求める格闘のなかで教養を身につけ，人間的に成長し，それがとりもなおさず教育力の形成にもつながるといった理想像を単純に一般化することはできない。大学（ユニバーシティ）も１つの学校（スクール）となりつつある。このような大学自体の変化のなかで，大学の教職課程はそれぞれの大学の存在理由を明確にしながら，それぞれに独自の教員養成のシステムを創造していく責任を負っている。伝統的な教育学部像に限定されることなく，新たな構想の教育学研究のスタイルを創造していくことも含めて，検討が求められている。

4　養成と採用の関係―日本の養成制度の特徴
（１）教員の養成数と採用数の問題

　大学での教員養成の次には，教員の採用の問題がある。

　どの国においても，教員の必要数と養成数の関係をどのように考えるか，つまり教員の需給調節の問題は避けて通れない現実的課題として存在する。この点で，開放制を採るわが国の場合，欧米諸国とは異なる独自のシステムをもつということができる。

　わが国の場合一般に，教員免許状取得者の総数と実際に教員として就職している者の数の間には相当数のギャップが存在する。このことを具体的に確認しておこう。

　2015年度の統計で，４年制大学卒業生のうち教員免許状取得者は，国立教員養成大学・学部卒業者約1.3万人，国立一般大学卒業者0.6万人，公立大学0.3万人，私立大学5.1万人，総計7.2万人であり，それぞれ卒業生総数に対する割合は，83.0％，8.1％，12.1％，13.6％，14.9％となっている。

　また大学院および短期大学等を含めた免許状取得者の総数は，10.9万人である。

これに対して，2016年度公立学校教員採用選考試験の実施状況，すなわち2015年度に各都道府県などで行われた教員採用選考試験の結果をみると，大学院卒業生および短期大学などを含めた，受験生総数は約17万人で，そのうち新規学卒者は5.3万人である。また同年の採用者総数は3.2万人で，そのうち新規学卒者は1.2万人，新規学卒者の採用率（採用者／受験者）は22.2％であった。

　このような数値から単純計算すると，15年度に教員免許状を取得した者は約10.9万人，そのうち採用試験を受験したものは5.3万人，合格したものは1.2万人であり，結局，免許状取得者総数のなかで実際に教員となっている者は，約1割（11.0％）ということになる。

　これらの数値を，どうみるか。免許状取得者数，受験者数，採用者数のギャップをどのように評価するべきであろうか。ただし15年の，採用者に占める新規学卒者の比率は全体平均で36.2％であり，約3分の2の教員は，新規採用ではなく，2年以上にわたって受験したあとに正規教員として採用されているという実態がある。しかし，この数字を考慮しても，教員免許状を取得する卒業生数と実際に教員として就職する数のギャップが大きすぎるのではないか，また採用試験を受験しない免許取得者が多すぎるのではないかとする批判が戦後一貫して続けられてきた。いわゆる「ペーパーティーチャー」問題である。

　もっとも他方では，経験則上，一般に試験は3倍以上の競争率がないと淘汰の機能は働かないので，この数を確保しないと「質」の高い教員は確保できないとする意見もある。なお，2007〜2016年の教員採用試験の競争率は，小学校では4.6倍（2007年）から3.6倍（2016年）に，同様に中学校では9.8倍から7.1倍に，高校では14.2倍から7.0倍に，それぞれ低下傾向にある。

（2）欧米における養成と採用の関係

　図式的に整理すると，欧米諸国には教員の養成と採用をめぐって，対照的な2つのパターンが存在する。

第一のパターンは，独仏型と名付けることができる。すなわち，長期にわたる養成期間を設けて計画的系統的な教育・訓練を行い，教員資格を取得したものは基本的に教職に就くというものである。

　たとえばドイツでは，州によって細部は異なるものの，初等・中等学校教員のすべてに大学院修士レベルの学修が求められている。加えて修士号を取得した者に対して，1年半程度の「試補勤務」が義務づけられており，教員志望者は各学校に配属されて勤務するとともに「試補研修所」において実践的な教育・訓練を受ける。そしてこの勤務が終了したあとに教員国家試験が行われ，それに合格して初めて正規の教員資格を獲得することができる。

　それに対して第二のパターンは，英米型と名付けることができる。この場合にももちろん，大学の教員養成課程を経て教員となる，「正規の」養成ルートは存在する。しかしそれだけではなく，教員になる意思と能力をもつ者を直接教職にリクルートし，現場の教員として活動させながら必要な養成訓練を行い，正規の教員資格を取得させるというルートも存在する。

　このパターンの場合，教員資格に段階・ランクが存在し，期限内に必要な研修を受けて資格をグレードアップさせていくという仕組みを採る場合が多い。このようなパターンの形成は，事実として教職の流動化が激しいという歴史的経過を背景としている。途中退職する教員に対して，常に新たに教員をリクルートする必要があったのである。

　なお，前者のパターンの場合は，量的側面において計画的にならざるをえない。しかしドイツの場合，教職課程を選択する学生数の予測と統制はむずかしいため，数十年単位で教員の「供給過剰」と教員不足を繰り返す実態がある。「資格社会の国」ドイツでは，教員資格を取得した者は，「供給過剰」の状況になっても，ひたすら採用を待ち続けることになる（教員資格を取得して教職に就いていない者は，すべて「採用待ち」教員＝失業教員と認識される）。他方で，教員不足の状況となった場合には，教職訓練の不十分な者を特別な資格で採用せざるをえなくなるのである。

（3）わが国の採用制度の特徴と独自性

このような2つのパターンに対して，わが国の場合はそのどちらにも当てはまらない。いわば中間的な，独自の形態である。すなわち，一定の基礎資格をもつ教員資格者を多数つくり，そこから採用者を「精選」するという方法である。

この方法は，「大学における教員養成」「開放制」をとったことの1つの帰結である。同時にそれは，わが国の大学卒業者の進路選択方式，すなわち日本独特の「学校から社会（企業・公務員）へ」の接合方式と親和的なものとなっていることの反映でもある。そして結果として，欧米諸国の場合と比較して，教員の需給関係の調整という点では，じつに「効率的」なシステムとなっているといわざるをえない。それだけに，採用の方法は公正・平等な，受験生のみならず国民全体の合意を得られるものでなくてはならない。

たしかに現在，教員採用「選考」の方法をめぐっては，さまざまな工夫がなされている。しかし従来から採用制度をめぐって提起されている2つの原則，すなわち「選考」基準・方法の「公開」と教育委員会以外の関係者，とりわけ教員養成機関関係者の「参加」の実現が引き続き強く求められている（日本教育学会 1983）。

多くの大学に教育諸科学を学び研究する組織と教職課程がおかれること，そして多くの学生がそこで研究・学習することは，望ましいことである。それは個々人が自らの成長・発達を自覚する機会となるばかりではなく，日本の学校教育全体を発展させる重要な基盤を形成することになるからである。また教員免許状の取得が教育関連専門職に共通する基礎的資格として機能し，発展していく可能性も存在する。このような状況のなかで，教職をめざす青年を励ますことのできる採用制度の実現に向けて，今後さらなる議論と取り組みが求められている（第3章参照）。

5 教員としての成長と研修

ILO・ユネスコの「教員の地位に関する勧告」（1966年）には，「教員の仕事

は専門職とみなされるものとする。教育の仕事はきびしい不断の研究を通じて獲得され，かつ，維持される専門的知識および特別の技能を教員に要求する公共の役務の一形態である」と明記されている（巻末資料参照）。これを改めて引用するまでもなく，教員にとって研修，すなわち「研究」と「修養」の重要性はいうまでもない。青少年に未来を語る教員は，常に的確な時代認識と専門にかかわる最新の知識・技能—担当する教科の内容・方法・教材について，児童・生徒理解について，学級・学年づくりについてなど—をもつ必要があるし，同時に常に自らの人格的な成長について自覚的でなくてはならない。

それでは，このような研修はどのような形態で行われているのであろうか。形式的に整理するならば，それらは次のように分類される。

①文部科学省や教育委員会などが主催して行われる，いわゆる行政研修
②各種の学術学会，民間教育団体や教員団体，あるいはその他の自主的研究団体に参加して行われる研修
③大学・大学院や研究機関などで行われる（長期）研修
④職場や地域での日常的な研修　など

もちろん，これら以外にも独学・独習をはじめとして，さまざまな形態のものが考えられる。また何より，研修の内容と方法の必要性は，一人ひとりの教員がおかれている具体的状況によって異なる。公立学校教員の研修は，教育公務員特例法（以下，教特法）で定められているが，そこでは研修の権利性と義務性が問題となってきた（教員研修の法的仕組みと争点については第7章 2 参照）。

ちなみにドイツにおいては，州や地方レベルで各種の現職研修コースが整備されているが，それへの参加はあくまでも教員の自由に任されており，参加が義務づけられる研修はきわめて限定的である。専門職としての研修は，あくまでも教員個人の必要性の認識から生まれてくるものであり，その機会は十全に保障されなければならないが，行政機関が専門職に強制できることは限られているというのがその理由である。

6 教師教育改革の今後に向けて

（１）1980 年代以降の制度改革—グランド・デザインの欠如

　戦後の教師教育改革の原則，「大学における養成」および「開放制」は，国際的にみても高い水準の改革であった。この原則はまた，中等学校教員のみならず初等学校教員および幼稚園教諭まで包括していた点も看過すべきでない。この原則の確立によって，教職という専門職にふさわしい共通の基盤が形成された。

　もちろんこの原則を実質化し発展させるためには，大きな困難があった。教育大学・学部の条件整備の問題，一般大学における教職課程の充実の問題などである。それは今日においてもなお，喫緊の課題である。

　同時に，さらに重大であると考えられるのは，1980 年代以降，「グランド・デザインの欠如」（佐藤学　2015）と指摘される状況が継続していることである。

　国際的にみると，近年，欧米諸国をはじめとして教師教育改革は格段に進んでいる。とくに大学院レベルの教員養成を標準化しようとする改革は，各国で大きく進展している。ドイツ，フランスをはじめとするヨーロッパ諸国は，高等教育制度の標準化（「ボロニャ・プロセス」）を進めたが，この改革と並行して教員養成は修士レベルを標準とするようになっている。さらに台湾や韓国では 40 歳以下の教師の大半が修士号取得者であるとされている（佐藤学　2016）。これに対してわが国の場合，民主党政権下での中教審答申「教職生活の全体を通じた教員の資質能力の総合的な向上方策について」（2012 年）において，修士レベルでの免許状を標準とする提案がなされたが，政権交代に伴ってそれが実現の方向に向かうことはなかった。他方で，大学院修了を基礎資格とする現行の「専修免許状」については，その制度構想について十分な議論がなされているとは言いがたい。

　またこの間，各国ともに，教員として実践的養成・訓練の機会を保障するという点で，さまざまな制度的工夫を行っている。ドイツであれば，伝統的な「試補勤務」を養成制度としてより有意義な方向に，すなわち試補教員が権威主義的官僚主義的な「指導」と一方的な「評価」を強要されることがないよう

に，改革が行われている。これに対してわが国の場合，一貫して「実践的指導力」の育成が強調されるが，そのための合理的なシステムが構築されているとはいえない（第2章参照）。

そもそも大学での教員養成がもつ意味は，自由な高等教育機関である大学で，教職にふさわしい基礎的能力と専門的知識を獲得することにある。そこでの教育諸学および教職専門科目の履修は，あくまでも学問研究としてのそれであって，学習指導要領の内容をいかに実践するかという技能に矮小化されるべきではない。もちろん教職に対する実践的あるいは実務的訓練の必要性は当然である。しかし大学での学修の上に，どの時点で，どのような仕組みで実践的訓練の機会を保障するかについて十分な議論がなされ合意が形成されているとは言いがたい。

（2）教師教育改革の現況をめぐって

現在の教育政策は，第1次安倍内閣による教育基本法改正を画期に出発する。安倍内閣は，「教育再生会議」および「教育再生実行会議」が提起した改革に基づいて一連の改革を実行している。この間，教師教育にかかわっては，教職大学院の創設（2007年），免許状更新講習の開始（2009年）などがある。

教職大学院の可能性は，否定されるべきものではない。しかし教育大学の大学院をすべてこのタイプの大学院にしようとする政策は，きわめて疑問である。また免許状更新講習が内包する研修制度としての問題性や欠陥については，多くの関係者から繰り返し指摘されているとおりである（今津孝次郎）。

これらの改革の上に，2015年12月に中教審答申「これからの学校教育を担う教員の資質能力の向上について」が出され，それに基づいて教特法，教免法などの関連法規の改正が行われた。

教特法改正の要点は，教員の資質向上に関する指標の全国的整備を行うというもので，文部科学大臣の策定した指針に基づいて，都道府県などで教育委員会と特定大学等で構成される協議会を組織し，「教員育成指標」を作成し，「教員研修計画」を実施するというものである。またこの間，この教員育成指標作

成の際に助言を行うとともに，教員免許状更新講習の認定，教職員に必要な資質に関する調査研究およびその成果の普及などを行うために「独立行政法人教職員支援機構」が創設された。

教免法改正の要点は，大学において修得を必要とする単位数に係る科目区分を統合（「大くくり化」）するというものである。この改正と同時に，教職関係科目については，「教職課程コアカリキュラム」つまり「すべての大学の教職課程で共通的に修得すべき資質能力を示すもの」が作成・提起されることとなった。

この制度改革の政策的意図は，明確である。教員の養成・採用・研修のすべてにわたって，「学び続けるキャリアシステムの構築」と「そのための体制整備」を行うことである。具体的には，大学での教職教育，採用試験，現職研修それぞれの内容を，統一化・標準化しようとするものである。この点で今回の制度改正は，従来にない踏み込んだ内容になっている。

しかし，その内容は，上述のグランド・デザインの欠如を制度的に克服したものではない。養成・採用・研修のそれぞれの制度上の課題を構造的に解決せずに，文部科学省と教育委員会＝任命権者の「権威的秩序」を強引に押しつけようとするものといえよう。これらの教職教育および育成指標が上意下達的，官僚的に強制されるならば，教師教育の管理強化がいっそう進行するとともに，他方ではきわめて形骸化した教師教育制度が「完成」することになろう。

山﨑準二は，教師のライフサイクル研究をもとに，教師は「『単調右肩上り積み上げ型』の発達ではなく，ライフコース上のときどきにおいて直面する新たな方向を模索し自己選択しつつ，それまでとは違った子ども観・教育観・教育的価値観などを持つ教師として非連続的に変容していく『選択的変容型』の発達をしていくのである」（山﨑準二　2016）と述べている。

「単調右肩上り積み上げ型」の発達観は，職業人としての初心と課題意識，人間の主体性・能動性を忘れている。教員という職業あるいは教育の諸学は，人間の主体性を確立し，価値に向かって創造的自律的に生きる人間像を生み出そうとするものである。教員の養成・研修が，一方的な伝達と受動的理解に終

始してよいわけはない。教育実践を深めようとするならば，教員自身の主体性と探究心が不可欠である。

教師教育の原点は，教員をめざす青年の初心と主体性であり，既存の秩序への適応ではない。「未来の教師」を励ます，責任ある大学教育，採用制度そして研修制度の構築が求められている。

深い学びのための課題

1. あなたは，どのような教員をめざしたいと考えますか。そして「大学における教員養成」「免許状授与の開放制」という原則のもとで，どのような教養と感性，専門的な力量を身につけたいと考えますか。これまでの教育体験を振り返り，整理してみよう。
2. 国際的にみて，日本の教師教育制度はどのような特徴をもっているのだろうか。欧米諸国およびアジア諸国からそれぞれ一国をあげ，比較してみよう。

引用・参考文献
阿部重孝（1936）「教員養成」『教育学辞典第1巻』岩波書店，495-497頁
──「教員検定」同上，479-482頁
今津孝次郎（2009）『教員免許更新制を問う』岩波書店
海後宗臣監修（1971年）『戦後日本の教育改革第8巻教員養成』東京大学出版会
久冨善之（2017）『日本の教師，その12章──困難から希望への途を求めて』新日本出版社
文部科学省（2017）『教育委員会月報』6月号（第69巻第3号），36-37頁
──同上3月号（第68巻第12号），23-30頁
日本教育学会教師教育に関する研究員会／代表長尾十三二（1983）『教師教育の課題──すぐれた教師を育てるために』明治図書，425-434頁
佐藤学（2015）『専門家として教師を育てる──教師教育改革のグランドデザイン』岩波書店，28頁
──（2016）「教師改革のなかの教師」『学びの専門家としての教師』〈岩波講座　教育─変革への展望4〉岩波書店，24頁
土屋基規（2017）『戦後日本教員養成の歴史的研究』風間書房
山﨑準二（2016）「教師教育の多元化システムの構築──『教師のライフコース研究』の視点から」前掲『学びの専門家としての教師』186頁

第 2 章
養成段階における体験的な学び

　教員養成制度は，その時々の時代や社会の要請を受け，これまでさまざまに変化してきた。教育課題が複雑化・多様化する今日では，学校現場体験を養成段階に導入することで，初任時から即戦力となる「実践的指導力」の育成がめざされている。実際，教員採用選考試験では，学校ボランティアなどの活動経験を記載する欄を志願書に設けたり面接で質問したりする自治体も多く，なかには試験の点数に加点するところもある。

　しかしながら他方で，なぜ教員養成が学校現場や教育委員会あるいは専門学校ではなく，大学で行われているのかということを考えなければならない。"即戦力"となる人材を求めるのであれば，職業訓練に相応しい場で教員を育てればよい。それでも，教員養成が大学で行われているのは，教職が学問的な知や思考を基盤として成り立つ仕事なのであり，これは戦後以降わが国が貫いてきた原則である。教育課題に対応するための「実践的指導力」がいっそう求められている今だからこそ，教員養成における大学での学びの意義が問われている。

　本章では，「実践的指導力」育成の議論や学校現場での体験的な学びをめぐる状況を確認したうえで，体験的な学びを「省察」することの理論的背景を検討し，最後に大学での学びの意義と身につけるべき資質能力について考えてみたい。

1 「実践的指導力」の育成をめぐる状況

(1) 学校教育が直面する今日的課題

　2015年12月，中央教育審議会（以下，中教審）は，教員の資質能力を高めるため，養成・採用・研修を通じた一体的な育成方策や，学び続ける教員を支

える体制整備などについて提起した答申として,「これからの学校教育を担う教員の資質能力の向上について～学び合い,高め合う教員育成コミュニティの構築に向けて～」を公表した。この答申は,学校教育が直面する課題を2つの背景から指摘している。1つは,知識基盤社会の到来や情報通信技術の発達,グローバル化や少子高齢化の進展,地域や家庭の教育力低下など,子どもたちが生きていく基盤となる社会環境の変化である。もう1つは,少子化に伴う児童・生徒数の減少,生徒指導や特別支援教育をめぐる課題,アクティブ・ラーニングやICTといった新たな教育ニーズ,教員の大量退職と大量採用による年齢や経験の不均衡,教員の多忙化など,学校教育それ自体の変化である。

なかでも,教員養成にかかわって大きな課題とされているのが,教員の大量退職と大量採用による年齢や経験の不均衡である。実際,教員の年齢別割合の経年変化を示した図2.1をみると,若手教員の割合が増加し,中堅教員の割合が減少していることがわかる。2000年代前半では10%未満だった20代教員は徐々に割合が増加し,2016年度には15%を超えている。一方40代教員をみると,2001年には40%を超えていたものの,それ以降は顕著に減少し,2016年には25%を下回っている。同答申でも示されているように,経験に裏打ちされた知識・技能を先輩教員から若手教員へと伝承するような学びのシステムは,

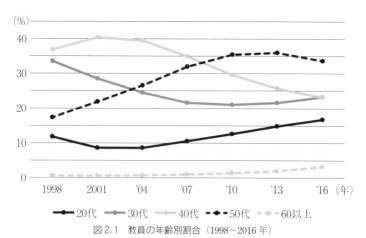

図2.1　教員の年齢別割合（1998～2016年）
出所:「学校教員統計調査」より筆者作成

教員の年齢構成からみれば近年急速に衰退しており，それを補完する学びとして教員養成の充実，とりわけ「実践的指導力」の育成が求められているのである。

（2）近年の教員養成制度改革

学校教育には，社会環境の変化に起因する課題と学校教育それ自体の変化に起因する課題が存在しており，これらの課題に対応することをめざしてさまざまな教員養成制度改革が進められてきた（詳細は第1章を参照）。

たとえば，2006年の中教審答申「今後の教員養成・免許制度の在り方について」では，①学部段階の「教職実践演習」新設・必修化，②大学院段階の「教職大学院」創設，③免許取得後10年ごとの「教員免許更新制」導入が提言され，そのすべてが実現したことは注目に値する。このうち，とくに教員養成とかかわるのは「教職実践演習」の新設・必修化である。2008年の教育職員免許法施行規則改正により「教職に関する科目」として同科目が新設され，2010年度入学生より基本的には4年次後期の必修科目として実施されている。学生にはこの科目の履修を通して，自己の課題を自覚し，不足している資質能力を補うことで，教職生活を円滑にスタートできるようになることが期待されており，学部段階における「学びの軌跡の集大成」と位置づけられている。これをふまえて授業で含めるべき事項としては，「使命感や責任感，教育的愛情等に関する事項」「社会性や対人関係能力に関する事項」「幼児児童生徒理解や学級経営等に関する事項」「教科・保育内容等の指導力に関する事項」という4つがあげられている。具体的な授業方法としては，役割演技（ロールプレイング）や事例研究，実務実習や現地調査（フィールドワーク），模擬授業などを想定し，科目の到達目標および確認指標を例示している。また，教職実践演習を実施するための準備事項として，大学入学時からの学習内容や理解度などを把握するための「履修カルテ」を作成することになっている。

さらに2015年の中教審答申では，養成段階における体験的な学びとして，既存の教育実習に加え，学生が長期にわたり継続的に学校現場などで活動を行

う「学校インターンシップ」の導入が提言された。これを受けて，2017年には教育職員免許法施行規則が改正され，2019年度入学生より適用される（「学校インターンシップ」については 2 で詳述）。また同答申では，教職課程の編成にあたり参考とすべき指針の整備が提言され，2017年には文部科学省が所管する検討会から，教職課程の各科目で共通に身につけるべき最低限の学修内容として，全体目標・一般目標・到達目標からなる「教職課程コアカリキュラム」が示された。この「教職課程コアカリキュラム」策定の背景として，大学における教員養成が学問的側面に偏っていること，学校現場の課題に対応するための実践的な資質能力を修得すべきであることなどが指摘されている（教職課程コアカリキュラムの在り方に関する検討会　2017）。

このように近年の教員養成制度改革では，教育や子どもをめぐる実践上の課題に対応すべく，教員の資質能力向上を目的とした環境整備を進めていることがわかる。まさに「教育の質」の問題を「教員の質」の問題として捉え，実践志向の高い教員養成制度改革によって「教員の質」を向上させることで，現代の教育課題を解決しようと試みているのである（今津　2017）。

（3）答申等が求める「教員の資質能力」とは何か

教員に必要とされる資質能力をめぐっては，これまでの教育改革や教員養成制度改革と連動して，さまざまに論じられてきた。1966年のILO（国際労働機関）・ユネスコによる共同宣言「教員の地位に関する勧告」では，教員の仕事が専門職であることから，職務の遂行には専門的知識・技能が要求されるという原則が提起され，これに基づいて教職の専門性から求められる資質能力が位置づけられてきた。他方で近年では，教職の専門性に由来する普遍的な資質能力を引き継ぎつつ，時代的要請による資質能力も求められている（第1章参照）。たとえば，2012年の中教審答申「教職生活の全体を通じた資質能力の総合的な向上方策について」のなかでは，社会の変化に伴ってこれからの教員に必要とされる資質能力を，（ⅰ）教職に対する責任感，探求力，教職生活全体を通じて自主的に学び続ける力，（ⅱ）専門職としての高度な知識・技能（教科や

教職に関する高度な専門的知識，新たな学びを展開できる実践的指導力，教科指導・生徒指導・学級経営等を的確に実践できる力），(ⅲ) 総合的な人間力として整理している。また2015年の中教審答申では，これまで示されてきた資質能力は「不易」のものとして引き続き求められるとしたうえで，複雑化・多様化する教育課題に対応するための資質能力（たとえば，情報を収集・選択・活用する能力，目標を組織として共有する姿勢，多職種と連携・協働する能力など）を備えるべきとしている。

　第1章でも示されたように，教員の資質能力向上をめぐって，近年では一貫して「実践的指導力」が求められており，その内実は時代的要請をふまえた新たな教育課題に対応できる資質能力に収斂しているといえる。

　さてそれでは，教員に必要とされる資質能力のうち，大学で育成すべき資質能力はどのように議論されてきたのだろうか。ここではまず，1997年の教育職員養成審議会第一次答申「新たな時代に向けた教員養成の改善方策について」をみてみよう。この答申では，大学における教員養成が「実践的指導力の基礎」を修得する段階であるとしたうえで，「実践的指導力の基礎」を「採用当初から教科指導，生徒指導等を著しい支障が生じることなく実践できる資質能力」と定義し，これは教員として備えるべき「最小限必要な資質能力」であるとしている。さらに「最小限必要な資質能力」については，養成段階で教授・指導すべき内容として，「教職への志向と一体感の形成」「教職に必要な知識及び技能の形成」「教科等に関する専門的知識及び技能の形成」というように，教職の専門性から求められる資質能力の形成をあげている。

　このような，「最小限必要な資質能力」を育成するという養成段階の位置づけは，それ以降の中教審答申でも引き継がれていくものの，時代や社会の変化によって新たな資質能力が次々に付け加えられていく。たとえば，2006年の中教審答申で示された「最小限必要な資質能力」は，「教職課程の個々の科目の履修により修得した専門的な知識・技能を基に，教員としての使命感や責任感，教育的愛情等を持って，学級や教科を担任しつつ，教科指導，生徒指導等の職務を著しい支障が生じることなく実践できる資質能力」と定義され，教職

の専門性にかかわる知識・技能に加えて、使命感や責任感といった項目が含まれている。また2012年の中教審答申では、いじめや不登校など生徒指導上の諸課題を外部機関と連携するなどして的確に対応する指導力、教職員全体でチームとして取り組む力などを求めている。さらに2015年の中教審答申では、アクティブ・ラーニングやICT活用、特別支援教育、小学校外国語教育、道徳教育、学校間連携、カリキュラム・マネジメントなどをあげ、こうした新たな教育課題に対応できる資質能力を育成することも重要であるとしている。

　以上のように、教職の専門性に由来する普遍的な資質能力に加え、その時々の教育課題に応じた資質能力が、養成段階において修得すべき「最小限必要な資質能力」と定義され、それが「実践的指導力の基礎」であると理解することができる。とりわけ近年では、具体的な教育課題を列挙し、それに対応できる資質能力を養成段階でも育成することが求められているのである。

（4）今日の教員が備えるべき「実践的指導力」

　ここまでみてきたように、今日の教員が備えるべき資質能力の1つのキーワードとして「実践的指導力」があげられる。そして、養成段階において修得すべき資質能力が「実践的指導力の基礎」ということになる。なるほど「実践的指導力」というキーワードは、教育をつかさどる専門職としての教員が備えるべき資質能力をそれなりの説得力をもって説明しているようにみえるが、その内実は構造化がむずかしく、基準に対する一般的な合意があるわけではない（高橋　2010）。これは教員の仕事の内容や範囲が曖昧かつ複雑であり、状況に応じて実践することに由来する（教員の仕事の特殊性は 2 で詳述）。

　とりわけ近年では教育課題が複雑化・多様化していることに留意しなければならない。答申等で示されているように「職務を著しい支障が生じることなく実践できる資質能力」（傍点筆者）を養成段階で身につけることが強調されるほど、際限なく広がる教育課題に対応できることが求められることになり、その資質能力は個別の課題対応の実践に焦点づけられるおそれがある。現に、大学の教員養成をはじめ教師教育全体が、あらゆる問題を解決できると想定する

「実践的指導力」の育成に収斂しているという指摘もある（吉岡・八木 2007）。

学校や子どもたちが直面する課題をいかに克服するかという視点は重要である。ただし，単に課題に応えることのみに目を奪われれば，個別化・矮小化した資質能力を機械的に身につければよいという発想に陥ってしまう。「実践的指導力」というキーワードの含意は，教員として備えるべき資質能力が容易に分断できるものではない，ということだろう。そして，個々の課題と特定の資質能力が必ずしも一対一対応ではないことを理解しておくことも重要である。

2 養成段階における体験的カリキュラム

（1）教育実習・介護等体験

養成段階における体験的な学びは，これまで教育実習と介護等体験を中心に行われてきた。

まず，学校現場で体験的に学ぶ機会である教育実習について確認しよう。教育実習は，教育職員免許法施行規則に定められた必修科目であり，幼稚園・小学校・中学校の一種免許状および二種免許状を取得するためには5単位，高等学校の一種免許状および二種免許状を取得するためには3単位が必要とされている（事前・事後指導の1単位を含む）。教育実習は，単位数に応じて2～4週間の実習期間となっており，学ぶべき内容は教科指導をはじめ，総合的な学習の時間や特別活動の指導，生徒指導や進路指導，学級経営や校務分掌の理解など，教員の日常的な教育活動全般に及ぶ。実習生は，教育実習の意義や心得などに関する事前指導を受けたうえで，学校現場で児童・生徒の様子や教員の仕事などを観察し，実際の教育活動に参加するだけではなく，授業を中心として指導場面を主体的に実践する。そして，実習中は教育実習日誌を記入して日々の活動を振り返り，実習後は総括的な事後指導を受ける。こうした教育実習の目的について高野（2010）は，①教員の仕事や児童・生徒の実態についての総合的な理解，②大学で学んだ理論と学校現場での実践の往還，③教員としての適性や能力の確認をあげている。すなわち教育実習では，児童・生徒の指導をはじめとする教員の仕事全般にたずさわりながら，大学で学んだ教職や教科に

関する知識・技能を学校現場で適用・検証し，ときには柔軟に対応することを通して，教職への理解や必要とされる資質能力を深め，自らの適性や進路を考える機会になるという役割が期待されている。

　いっぽうで，現状の教育実習にはいくつかの課題も指摘されている。たとえば，2010年に文部科学省が委託・実施した「教員の資質向上方策の見直し及び教員免許更新制の効果検証に係る調査」の結果では，教育実習の課題として「実習期間が短い」「実習受入校の負担が大きい」「教員を志望していないにもかかわらず実習しようとする学生が多い」などの項目があげられている。教育実習では教員の日常的な教育活動全般を学ぶとしながらも，実際には期間が短く教科指導が中心となるため，長期的な視点に立った教育活動を経験したり，子どもの成長を実感したりする機会が乏しくなってしまう。また，教職に就く意欲が低く教員免許状を取得するためだけの実習生を受け入れることで，手間をかけて指導した学校現場には負担感や徒労感だけが残り，未熟な授業や指導を受けた子どもにも迷惑をかける，いわゆる「実習公害」という問題が起こる。こうした教育実習をめぐる課題は，教育職員免許法に基づく課程認定基準を満たせばいずれの大学でも教員免許状を取得することができるという「開放制」の原則とかかわっている。戦後，「開放制」によって教員免許状取得の門戸は広がり，多様な人材が教職に就くことを可能にしたが，他方で量的に拡大する教育実習の改善については抜本的な見直しが進んでいない。

　つぎに，教育実習とは別の実地的な学びの機会である介護等体験について確認しよう。介護等体験は，1997年に「小学校及び中学校の教諭の普通免許状授与に係る教育職員免許法の特例等に関する法律」が制定され，1998年度から小学校および中学校の教員免許状取得者に義務づけられた制度である。活動期間は7日間でその内訳は，社会福祉施設で5日間，特別支援学校に2日間が望ましいとされている。活動内容については，障害者や高齢者等に対する介護，介助，交流等の体験や，掃除や洗濯といった受け入れ施設の職員が従事する業務の補助など，幅広い体験が想定されている。この介護等体験の目的について，上記法律をみると，「義務教育に従事する教員が個人の尊厳及び社会連帯の理

念に関する認識を深めることの重要性にかんがみ」とあり，個人の多様な価値観や社会との結びつきを尊重した学校教育の担い手を育成するものと理解できる。ただし，こうした目的に鑑みて幅広い体験を想定しているものの，基本的には活動内容を施設などに一任しているため，教員免許状の課程認定を受ける責任主体としての大学が，免許取得にかかわる学びの内容を十分に保証することができないという課題は大きい。

（2）推進される学校現場体験

1990 年代以降，教員をめざす学生による学校現場体験は，「開かれた学校づくり」による地域の教育力活用や，全国学力・学習状況調査の導入に伴う学力向上策，特別に支援が必要な子どもへの対応など，学校側のニーズに基づくボランティア活動として展開されてきた。同時に，こうした学校現場体験は，学生の学びとしても位置づけられてきた。1997 年の教育職員養成審議会第一次答申では，「生きた幼児・児童・生徒観，教育観を身に付けるためには，子どもたちと実際にふれあったり子どもたちの様子を観察する機会が大切」であるとして，教育実習以外にも子どもたちとかかわる機会を設けるよう提言している。この答申をふまえて，1997 年度に文科省が公表した「我が国の文教政策」では，国立教員養成系大学・学部の充実策として，「学生が子どもたちと触れ合い，子どもの気持ちや行動を理解し，実践的指導力の基礎を身に付ける」ことを目的に，「フレンドシップ事業」として学校現場体験を推奨している。2000 年代以降の中教審答申でも実践力や現場感覚を養うことを目的とした学校現場体験の充実がたびたび求められており，とくに 2006 年と 2012 年の中教審答申では長期にわたる実地的な学びの機会として「インターンシップ」という文言が用いられた。

こうした政策的な提言と並行して，各大学では学校現場体験を独自に導入する動きがみられる。たとえば，山梨大学の「教育ボランティア」，静岡大学の「学校支援ボランティア」，大分大学の「まなびんぐサポート」，琉球大学の「教育実践ボランティア」などは，地域の教育委員会や学校からの要請に基づ

いて学生を派遣し，教育活動の補助や学習支援を行うといった活動を展開している。これらの大学では，ボランティアとしての活動を前提としながら，一定の活動時間数を満たすことやレポートを提出することなどにより，単位を取得できるシステムにもなっている。また，北海道教育大学釧路校の「教育フィールド研究」，岡山大学の「教職実践インターンシップ」，埼玉大学の「学校フィールド・スタディ」など，教員養成カリキュラムとして積極的に位置づけ，教育実習やほかの科目と連動させることで，大学での学びと学校現場での体験を往還させる取り組みもある。2015年に文部科学省が実施した「教員の資質能力の向上に関する調査」の結果では，教職課程のある637大学のうち，学校ボランティアや学校インターンシップを必修科目としているのは62大学，教職課程の科目（選択科目）としているのが139大学，単位化はしていないが推進しているのが342大学となっており，今や半数以上の大学で学校現場体験が導入されていることがわかる。

　教員をめざす学生による学校現場体験は，一方で「支援」や「ボランティア」の字義どおり学校現場のニーズに基づく活動として展開され，他方で多くの大学では教員に求められる資質能力を養う機会として活用されている。とりわけ近年では，活動をより計画的・効果的に実施するために，学校や教育委員会と綿密に連携したり，教員養成カリキュラムのより中心に位置づけて体系化を図ったりする大学もある。もっとも，ここで留意しなければならないのは，教員をめざす学生が学校現場体験で何を学ぶのか，ということである。国の政策などが示すような課題に対応できる資質能力を実践的に学ぶことは重要ではあるが，学生であるからこそ学校の外側からの視点で課題を相対的に見つめながら，自分の立ち位置を模索し貢献する，さらにはそのことを通して教育の役割や教職の意義について理解を深めるといった発想もまた求められるだろう。

（3）新たに導入される「学校インターンシップ」

　教員養成における体験的な学びとして新たに登場したのが，学校インターンシップである。上記のとおり，「インターンシップ」という文言は2006年や

2012年の中教審答申でも示されたが、教員免許状取得のための科目として正式に位置づけるように求めたのが2015年の中教審答申である。この答申では、学校インターンシップが「既存の教育実習と相まって、理論と実践の往還による実践的指導力の基礎の育成に有効である」とし、教員をめざす学生の資質能力向上や適格性の把握、学校現場の支援という側面から導入を推進している。

これを受け、2017年の教育職員免許法施行規則改正により、「教育実践に関する科目」として「学校インターンシップ（学校体験活動）」が導入され、教育実習5単位のうち、幼稚園・小学校・中学校教諭と養護教諭では2単位まで、高等学校教諭と特別支援学校教諭では1単位まで含めることが、課程認定を受ける大学の判断によって可能となった（ただし、教育実習に学校インターンシップを含めた場合、ほかの学校種の免許状を取得する際に教育実習の単位は流用できない）。この改正により、学校インターンシップは2019年度入学生から教員免許状取得のための科目として適用される。

それでは、従来の教育実習と新たに導入される学校インターンシップとでは、どのようなちがいがあるのだろうか。2015年の中教審答申では表2.1のように両者を比較している。活動内容について、教育実習は教科指導をはじめとする教員の仕事の一部を実践することが中心であるのに対して、学校インターン

表2.1 教育実習と学校インターンシップの比較

	教育実習	学校インターンシップ
活動内容	学校の教育活動について実際に教員としての職務の一部を実践させることが中心	学校における教育活動や学校行事、部活動、学校事務などの学校における活動全般について、支援や補助業務を行うことが中心
実施期間	4週間程度 （高校の場合2週間程度）	教育実習よりも長期間を想定 （ただし、一日当たりの時間数は少ないことを想定）
学校の役割	実習生への指導や評価表の作成（そのための指導教員を専任し、組織的な指導体制を構築）※原文ママ	学生が行う支援、補助業務の指示（教育実習のように、学生に対する指導や評価は実施しない）

出所：「2015年中教審答申」より筆者作成

シップは教育活動全般の支援や補助を行うことが中心になる。実施期間について，教育実習は2～4週間程度であるのに対して，学校インターンシップは複数年度にわけるなど長期間の実施が想定されている。受け入れ校の役割について，教育実習では実習生の指導や評価が求められるのに対して，学校インターンシップでは学生が行う支援や補助の指示にとどまる。なお，現状の教育実習は大学3年次もしくは4年次を中心に実施されており，教育実習前の導入や教育実習後の応用として，学校インターンシップを配置することも想定されている。

　このように実施形態の設計において教育実習と大きく異なる学校インターンシップには，どのような役割が求められているのだろうか。2017年に教職課程の指針として示された「教職課程コアカリキュラム」には，実施時期や活動内容が多様な学校インターンシップは1つのコアカリキュラムを策定することが困難であることから，「教育実践に関する科目」として教育実習のコアカリキュラムに包括して規定されている。そのうえで，コアカリキュラムの全体目標をみると，教育実習が前提とされているものの，「教育実践に関する科目」としては，教育的愛情や使命感を深めること，自身の能力や適性を考えること，学校教育の実際を体験的・総合的に理解すること，教育実践や教育実践研究の基礎的な能力と態度を身につけることなどがめざされている。この全体目標のもと，含めることが必要な事項である「（1）事前指導及び事後指導に関する事項」「（2）観察及び参加並びに教育実習校の理解に関する事項」「（3）-1学習指導及び学級経営に関する事項（幼稚園教諭は除く）」「（3）-2保育内容の指導及び学級経営に関する事項（幼稚園教諭のみ）」ごとに一般目標と到達目標が掲げられている。

　つまり学校インターンシップは，教育実習とは異なる形態で展開しつつも，教育実習と有機的に関連させることにより，「教育実践に関する科目」として学校現場体験の全体を通して身につけるべき資質能力の形成を図るという設計であることがわかる。ただし，学校インターンシップが教員をめざす学生の資質能力を高めるために機能するかという点については，実施する大学の十分な

検討や準備が必要になる。学校インターンシップは表2.1でも示したように，活動内容は教育活動全般の支援や補助であり，受け入れ校の役割はそれらにかかわる指示が中心とされている。活動内容や受け入れ校の役割が学校現場のニーズを基本にしているという意味で，こうした想定は「ボランティア」に近い。他方で麻生（2016）が指摘するように，「人的支援」という受け入れ校の都合のみで学校インターンシップを維持することはむずかしく，「学生の学び」をどのように保証するのかという課題にも同時に応えなければならない。

　ここで，活動内容は学校現場のニーズに依拠するため大学が選別しづらいとするならば，「学生の学び」を保証するための大学の役割として決定的に重要となるのが，事前指導や事後指導である。しかしながら，身なりや振る舞い方の注意に徹する事前指導や，学生同士が苦労話を共有し励ましあう事後指導といったように，大学での指導は学校現場への順応を目的としがちである。理論と実践の往還という観点から大学が果たすべき役割は，学校現場の実践に大学の知をあてはめることではなく，学生が学校現場や自らの経験を客観的に観察し，それ分析的・批判的に思考するという，学びの枠組みを提供することであろう。

3　学校現場体験の「省察」を考える

（1）教員の仕事の特殊性

　学校ボランティアや学校インターンシップなどの学校現場体験は，単に学校現場に慣れるためや自分の適性を知ること，さらにいえば矮小化された「実践指導力」を身につける目的のみに機能するのではない。2で述べたように，学校現場体験は多様な形態で実施されており，そのなかで学生が体験する活動もじつに幅広い。教育実習と異なり，こうした学校現場体験（すなわち学校現場のニーズ）が多様である理由は，教員の仕事そのものが文脈に依存しており，学生が長期にわたって教員の仕事の支援や補助を行うとなると，学生の体験自体も同様に文脈に依存するからに他ならない。この文脈依存性を学校現場体験の学びとして意義づけるとき，まず考えたいのが教員の仕事の特殊性である。

教員の仕事は，内容や範囲が曖昧かつ複雑であり，状況に応じた実践が求められるという文脈依存性が高い。このような"揺らぎ"を内包する教員の仕事の特殊性は，「再帰性」「不確実性」「無境界性」という概念で説明される。

　まず「再帰性」とは，ウォーラーが『授業の社会学』で指摘しているように，教育はブーメランのように投げた人の手に舞い戻ってくるものであり，教えるという行為は学習者に影響を与えるのみならず，教授者自身にも再帰するという特徴である（Waller 訳書　1957）。教員の実践は，自己の外側に働きかける行為である一方，仕事が行き詰まったときにいくら外側を批判しても，結局その責任は自らに舞い戻ってくる。このように批判に対して無防備になることで，教員の仕事は孤独な状態におかれ，自己の内側へ問い直しつづけることになる。

　つぎに「不確実性」について，ローティは『学校教師』において，教員の仕事は職業病的に不確実なものであると指摘しており（Lortie, D.C. 1975），ある場面で通用した実践がほかの場面で通用するとは限らないという特徴がある。教員の仕事は刻々と変化する学校現場の文脈に依存することから，安定した実践の基準を得ることはむずかしく，成果も見えづらくなる。

　さらに「無境界性」について，酒井（1998）は，教員の子どもに対する働きかけが「指導」という"マジックワード"によって本来的な役割に組み込まれるといい，この言葉にあらわれる職域の曖昧さが多様な活動を一括りにすると指摘している。どんな行為にも教育的な意義が求められ，役割として正当化されることで，教員の仕事は時間的にも空間的にも際限なく拡大する性格をもつ。

　こうした3つの特殊性について佐藤（1994）は，教職の専門性を解体して教員文化に否定的な影響を与える一方で，新たな専門職像を生み出す積極的な契機としても捉えられるという。すなわち，不確実で際限ない仕事に従事し，自己に舞い戻る批判や責任を内的な世界に閉じ込めてしまう特殊性を有するからこそ，特定の知識や技術で対応するのではなく，複雑な文脈のなかから課題の枠組み自体を問い直すことができる実践が求められるのである。教員の仕事は，課題への一対一対応を想定したような資質能力で，"何とか乗り切れる"ようなものでは決してないのである。

（2）「省察的実践家」としての教員とは

　教員をめぐる新たな専門職像については，ショーンの『省察的実践とは何か』で提起されている「省察的実践家」という概念がしばしば援用される（Schön 訳書　2007）。ショーンは，専門職を成り立たせる考え方として，理論や技術を厳密に「適用」して道具的な問題解決を図るという〈技術的合理性〉を示したうえで，不確実・不安定で，独自性があり価値葛藤が生じる状況は，〈技術的合理性〉のモデルにあてはまらないと指摘する。むしろこうした状況で求められる専門職像は，既存の知を「適用」するのではなく，複雑な状況とさまざまに対話しながら，解決しようとする課題に枠組みを与える方法を，さらにはより大きな制度的文脈のなかで自らの役割を省察する「省察的実践家」であるという。

　続けてショーンは，実践者が行う省察の形態について，「行為の中の省察（reflection-in-action）」，「行為についての省察（reflection-on-action）」，「行為の中の省察に関する省察（reflection on reflection-in-action）」をあげている。「行為の中の省察」とは，ある行為が起こっている最中にその行為自体について振り返ることであり，即時的に状況を分析することで自分の行為を発展させるものとなる。「行為についての省察」とは，実践が終わった静かな時間のなかで行為や状況について考えることであり，すでになされた行為に意識的に立ち返って分析・評価し，将来の実践につなげるものとなる。さらに「行為の中の省察に関する省察」とは，自分自身が行う「行為の中の省察」を叙述して省察のプロセスや制約条件などを振り返ることであり，メタ認知的な視点から省察そのものを相対化することである。

　こうした省察のあり方については，組織学習論で用いられる「シングル・ループ学習」と「ダブル・ループ学習」という概念からも示唆に富んだ議論がなされている。アージリスは組織学習の形態として，既存の枠組みを維持・継続して課題解決を志向する学習を「シングル・ループ学習」，課題設定の適切さや問題の背景的要因を探るような学習を「ダブル・ループ学習」として峻別し，後者によって組織の学習が深まるとした（アージリス　2007）。課題の枠組

みそのものに目を向ける「ダブル・ループ学習」の発想は，上記のショーンが提起した「省察的実践家」の議論と共通している。

　教員はその仕事の特殊性から，ショーンが提起する「省察的実践家」という専門職像に合致するものとされ，省察を通して実践を高めていくモデルとして位置づけられるようになった。ただし，「実践的指導力」が求められる状況では，課題の発見や解決の手段として過度に枠づけられた省察が，特定の方法論への傾倒を招き，かえって実践の硬直化をもたらすとの指摘もある（石井 2013）。また，教育をめぐる課題が社会的・制度的諸要因も含みこんで複雑になればなるほど，特定の方法論によって課題の発見や解決ができるとも限らない。今日の教員に求められるのは，社会的文脈のなかで自身の行為の意味を俯瞰的に解釈し，教育を規定する枠組み自体を問い直しながら，「何が課題であるのか」を吟味し再構築するような省察であろう。

（3）教員養成における学生の「省察」

　さて，教員の仕事の特殊性を背景として求められる専門職像が，複雑な状況と対話しながら，解決しようとする課題に枠組みを与える方法や，より大きな制度的文脈のなかで自らの役割を省察する「省察的実践家」であるとすれば，教員養成における省察はどのように展開すべきであろうか。これについては，コルトハーヘンが提示した「リアリスティック・アプローチ」が参考になる（Korthagen 訳書　2010）。

　コルトハーヘンによれば，「リアリスティック・アプローチ」による教師教育は，客観的な理論よりも，実習生の人生経験やそのなかで発達させてきたゲシュタルト（対応すべき状況におかれたときに有している感情や価値観で，無意識的に人間の行動を導いている内面の総体）を出発点としており，このゲシュタルトを分析し，省察に活かすことが重要であるという。そして，省察を通して学ぶ理想的なプロセスとして示したのが ALACT モデルである。ALACT モデルとは，第 1 段階の「行為（Action）」に始まり，第 2 段階の「行為の振り返り（Looking back on the action）」，第 3 段階の「本質的な諸相への気づき

(Awareness of essential aspects)」，第4段階の「行為の選択肢の拡大（Creating alternative methods of action)」，第5段階の「試み（Trial）」と続き，最初の第1段階とは異なる「行為」へとらせん状につながるモデルである（この5つの段階の頭文字をあわせてALACTとしている）。ここで注目されるのが，第3段階の「本質的な諸相への気づき」である。第2段階の「行為の振り返り」によって実習生は自らの行動や考え方，感情や価値観について省察し，実践を意識化することで，その次の段階として隠された本質に気がつくことができるという。

このコルトハーヘンの議論をもとに，教員養成における省察のあり方について考えてみたい。まず，「リアリスティック・アプローチ」による教師教育が，人生経験やゲシュタルトを出発点としていることから，それらが判断や行動の準拠枠（対象を認識して解釈し，判断や行動の基準となる枠組み）になっていることを自覚する必要があるだろう。学生は自身が受けた教育経験やそのなかで培ってきたものの見方・考え方や価値観をもとに，学校現場体験でのさまざまな判断や行動をとることになる。そこで用いられる準拠枠は，教育を受ける側の目線から支援や補助を行うために重要である一方，実際に教員の立場になってみると異なる判断や行動が求められる場合もある。このちがいに気がつくことは，不安や葛藤を生み出しながらも，自分自身の準拠枠を自覚し，それを再構築するプロセスへとつながっていく。判断や行為の枠組みが変わることによって，これまで見えなかった実践のなかの本質にたどり着くことができるかもしれない。たとえば，授業に集中できない子どもに対して，支援や補助を行う学生の立場からは，「どうしたら机に向かってくれるのだろうか」といった発想で何とか乗り切りたいと思いがちである。しかしながら，子どもの継続的な成長に対して役割と責任を負う教員の立場からは，「なぜ授業に集中できないのだろうか」といった行為の根本的な要因に思考をめぐらせる必要がある。

教員養成における学校現場体験は，学校や教員がもつ特有の文化に新参者である学生がふれることから，古い経験と新しい経験との間で当然のように不安や葛藤が生じる活動である。適性を見極めたり課題解決能力を身につけたりす

ることだけが，学校現場を体験する目的となってしまえば，こうした不安や葛藤は教員という進路選択にネガティブに働くのみである。しかしながら，学校現場に何の違和感を覚えることなく順応できることが，本当に"よい教員"になるための条件だろうか。不安や葛藤は，自分自身を相対化して新たなものの見方・考え方や価値観を獲得する契機にもなり，学校現場体験を「省察」することの意義はまさにここにある。

　ここまでみてきたように，今日の教員養成では，「実践的指導力」をキーワードとして学校現場との結びつきを強くする改革が進められてきた。だからこそ問われているのは，本章冒頭でも示したように，なぜ教員養成が大学で行われているのか，ということである。教員を育てる場として，学校現場と大学は決して二律背反するものではない。学校現場でのリアルな体験と大学での学問的な知や思考に基づく省察を有機的に連関させることで，自分自身がもつ枠組みに気づき，それを再構築することが可能となる。そして省察とは，学校現場での体験だけではなく，大学での学びも対象となる。**1**でも述べたように教職実践演習では，大学での学習内容や理解度などを把握するための「履修カルテ」を作成し，これをもとに自己の課題を探求することが期待されている。今日の教員養成は，大学での学びと学校現場体験が重層的に配置され，「学びの軌跡の集大成」として教職実践演習が位置づけられている。これは，一方で現場主義に傾倒すると批判されるが，他方で体験的な学びの意義を最大限に生かす環境が整いつつあると捉えることもできる。

　それでは，体験的な学びの意義とは何であろうか。複雑化・多様化する教育課題を背景として，教員養成における学校現場体験は，即戦力として役立つことや課題への対応方法を学ぶことに矮小化される傾向にある。しかしながらこれまで述べてきたように，学校現場での実践とその省察が車の両輪として働くことで，自分の無意識を意識化し，課題そのものを問い直す力を養うことも可能となる。この課題探究は，真に課題解決に有効な資質能力を見定め，それを身につけるために不可欠なプロセスである。つまり，体験的な学びの意義とは，

課題解決のための道具的な知そのものではなく，それを構築するためのプロセスに着目した知を獲得することにある。

最後に，知の再構築をめざす省察における「言語化」について述べておく。自己の経験や学びを省察する際には，語りであれ文章であれ言語化することが重要である。河井（2016）によれば，言語化するという着地点があることで，経験から意味を汲み取ることへと方向づけられ，経験を自分自身のものとすること，さらにはそれが自己形成にもつながるという。他者に語る，あるいは文章で表現することではじめて，無意識の意識化や枠組みの明確化が図られ，さまざまな角度から意味を付与したり解釈したりすることができる。学校現場での非言語的な経験を学問的な知や思考によって言語化することが，大学での学びの重要な要素といえよう。

深い学びのための課題
1. 「学び続ける教員」になるために，養成段階で身につけるべき資質能力とはどのようなものだろうか。
2. これから教員免許状取得までの間に，体験的な学びとしてどのような機会を予定・希望しているか。それらの機会を通して深い省察を実現するためには，どのような学び方の工夫が必要だろうか。

引用・参考文献

麻生良太（2016）「日本における学校インターンシップの展開―教員に求められる資質能力を高めるための具体的な取り組みから」田島充士・中村直人・溝上慎一・森下覚編著『学校インターンシップの科学―大学の学びと現場の実践をつなぐ教育』ナカニシヤ出版

石井英真（2013）「教師の専門職像をどう構想するか―技術的熟達者と省察的実践家の二項対立図式を超えて」『教育方法の探究』(16), 9-16頁

今津孝次郎（2017）『新版 変動社会の教師教育』名古屋大学出版会

河井亨「『体験の言語化』における学生の学びと成長」（2016）早稲田大学平山郁夫記念ボランティアセンター編『体験の言語化』成文堂

クリス・アージリス（2007）「『ダブル・ループ学習』とは何か」DIAMOND ハーバード・ビジネス・レビュー編集部編訳『組織能力の経営論―学び続ける企業のベスト・プラクティス』ダイヤモンド社

酒井朗（1998）「多忙問題をめぐる教師文化の今日的様相」志水宏吉編著『教育のエスノグラフィー

―学校現場のいま』嵯峨野書院

佐藤学(1994)「教師文化の構造―教育実践研究の立場から」稲垣忠彦・久冨善之編『日本の教師文化』東京大学出版会

高野和子(2010)「教職と教育実習」高野和子・岩田康之編『教育実習』学文社

高橋英児(2010)「養成段階における実践的指導力の育成についての一考察」『日本教師教育学会年報』(19), 57-66頁

文部科学省(2017)『教職課程コアカリキュラム』教職課程コアカリキュラムの在り方に関する検討会報告

吉岡真佐樹・八木英二(2007)「教員免許・資格の原理的検討」『日本教師教育学会年報』(16), 17-24頁

Korthagen, F.A., ed. (2001) *Linking Practice and Theory: The Pedagogy of Realistic Teacher Education*, Routledge. (武田信子監訳(2010)『教師教育学―理論と実践をつなぐリアリスティック・アプローチ』学文社)

Lortie, D.C. (1975) *Schoolteacher: A Sociological Study*, The University of Chicago Press,

Schön, D. (1983) *The Reflective Practitioner: How Professionals Think in Action*, Basic Book. (柳沢昌一・三輪建二監訳(2007)『省察的実践家とは何か―プロフェッショナルの行為と思考』鳳書房)

Waller, W. (1932) *Sociology of Teaching*, Willey and Sons. (石山脩平・橋爪貞雄訳(1957)『学校集団―その構造と指導の生態』明治図書)

第3章
教員になることを選びとる

　教育学部に入学したり教職課程を履修していたりしても，教員になるということについて確信がもてなくなることは起こるだろう。あるいは，それ以前の問題として，免許を取得することと教員になることとは，あなたのなかでどのように関係づけられているだろうか。

　本章では，教員になるための大前提である教員免許状について全体概要を説明し（**1**），次に教員採用の仕組みと実態を示す（**2**）。そのうえで，教員就職をどう捉えるかについての議論を整理する（**3**（1））。これらを前提にして，**3**（2）を読みながら，あなた自身の学生生活と進路選択について考えていただきたい。

1 教職への道―教員免許状制度
（1） 免許状主義

　教員免許状については，教育職員免許法（以下，教免法）で定められている。そこでは，教員は，教免法により授与される「各相当の免許状」を有する者でなければならないとされている（第3条第1項）。日本の公教育の学校で教員として勤務する者は，勤務する学校種（小学校・中学校・高等学校など），中学校・高等学校では教える教科の教員免許状をもっていることが大原則とされているのである（相当免許状主義）。これは，子どもの教育を受ける権利（憲法第26条）を保障するために，公教育を担う教職を専門職として確立しようとする観点にたつものである。教免法では，免許状主義の徹底のために，資格要件と欠格事項を定めるほか，免許状授与にかかわる不正違法行為や免許状を有しない者を任用することに対しての罰則規定が設けられている（土屋　2017）。

（2）免許状の種類

　教員免許状には，「普通免許状」「臨時免許状」「特別免許状」がある。いずれも都道府県教育委員会から授与される（教免法第5条第7項）。戦後改革以来の教員養成制度は「大学における教員養成」を原則としている（第1章）のだから，教員免許は大学での教育を経て取得するものであるはずだ。しかし，以下の説明でふれるように，実際には大学での教育を経ない取得ルートがあり，政策的には早い時期からその拡大が志向されてきた点にも注意してもらいたい。

①普通免許状

　小学校・中学校といった学校の種類ごとの教諭免許状（中学校・高等学校についてはさらに各教科ごと），養護教諭の免許状，栄養教諭の免許状がある。基礎資格となる学歴によって，修士の学位を有する場合は「専修免許状」，学士は「一種免許状」，短期大学士は「二種免許状」の3種別がある。従来は期限のない終身有効の免許であったが，教員免許更新制が導入され（2007年教免法改正），2009年4月1日以降に授与される免許状は10年の有効期間つきとなっている。有効期間を更新して免許状の有効性を維持するには，30時間以上の免許状更新講習の受講・修了確認が必要である。免許状更新講習は大学などで開設される。

　普通免許状は，教職課程を開設している大学・短期大学などで科目を履修して取得するのが一般的である。必要単位を修得したこと，および小学校・中学校教諭普通免許状取得については介護等体験（第2章 **2** ）を修了したことを授与権者（大学所在地の都道府県教育委員会）が確認して授与される。どこで取得してもすべての都道府県で有効である。

　普通免許状には，大学で教職課程を履修する以外に，教員資格認定試験というルートもある（1964年に制度化された）。教員資格認定試験は文部科学大臣または大臣が委嘱する大学が行うとされ（教免法第16条の二），2018年度からは文部科学大臣が行う試験の実施関連事務は独立行政法人教職員支援機構が行うようになっている。2018年度の教員資格認定試験では，幼稚園教諭二種免許状，小学校教諭二種免許状，特別支援学校自立活動教諭一種免許状の取得が可

能であった。教員資格認定試験制度の趣旨は、「広く一般社会に人材を求め、教員の確保を図るため、大学等における通常の教員養成のコースを歩んできたか否かを問わず、教員として必要な資質、能力を有すると認められた者に教員への道を開くため」とされている[1]。実際には、大学で教員養成を受けなかった社会人だけではなく、「入学した大学では中学・高等の免許しか取れないが、どうしても小学校教員になりたい」という人々が小学校教諭免許を取得するルートにもなっている。

②臨時免許状

「普通免許状を有する者を採用することができない場合に限り」、教育職員検定に合格した者に授与される（教免法第5条第6項）「助教諭」の免許状である。教育職員検定は「受検者の人物、学力、実務及び身体について、授与権者が行う」（第6条）。授与を受けた都道府県内でのみ有効で、有効期間は3年である。

臨時免許状は1949年の教免法制定当時から設けられていたものであり、特定の教科・領域の教員確保が困難な場合や、地域的な事情により、現在でも毎年、合計8500件程度が授与されている。教科別では、中学では数学・理科・技術・家庭・外国語で、高等学校では看護・家庭・情報・外国語で多く授与されている。授与数についての都道府県ごとの差も大きい。

③特別免許状

特別免許状は、1988年に新たに創設された免許状である。"教員免許状を持っていないが優れた知識経験等を有する社会人等を教員として迎え入れることにより、学校教育の多様化への対応や、その活性化を図る"という趣旨とされている。教職課程を履修していない人を教職に迎え入れるための免許状である。たとえば、英会話学校講師に「外国語」、国体入賞者に「保健体育」、システムエンジニアに「情報」の特別免許状が授与されたといった事例である。

特別免許状のために法律が定める要件は、「担当する教科に関する専門的な知識経験又は技能」および「社会的信望があり、かつ教員の職務を行うのに必要な熱意と識見」である（教免法第5条第4項）。学士要件（学士を取得した＝大卒であること）は2002年に撤廃され、現在では、教職課程を履修しないという

だけではなく大学を卒業することなく普通免許状の取得が可能な定めになっている（実際に学士をもたない者に授与された件数は不明）。これ以外にも，対象教科の拡大，有効期限の延長，特別免許状を有する者が3年以上在職して所定の単位を修得すれば普通免許状の取得が可能になる，というように，特別免許状は，創設以来，その授与を拡大する方向での改正が重ねられてきた。

特別免許状は，任用しようとする者（都道府県・指定都市教育委員会，学校法人など）の推薦をうけて，授与権者（都道府県教育委員会）が教育職員検定を行い，学校種・教科ごとに，「教諭」免許状が授与される。教育職員検定のための審査基準・審査方法は従来，都道府県教育委員会に任されてきたが，特別免許状授与の円滑化・拡大を求めて，2014年6月に文部科学省（以下，文科省）が「特別免許状の授与に係る教育職員検定等に関する指針」を策定し，主な基準（1）教員としての資質の確認，2）学校教育の効果的実施の確認，3）第三者の評価を通じた資質の確認）や審査方法などが示された。

授与を受けた都道府県内でのみ有効で，普通免許状と同じく有効期間は10年，教員免許更新制の対象である。

授与状況は，創設から2002年度までの14年間では53件と低調であったが，前記の学士要件撤廃の法改正が適用された2003年度には1年で47件と急増し，その後2014年に「指針」が通知されて以降さらに増加し，2013〜2016年度の14年間では1048件となっている。学校種でみると，高等学校（創設以来の累計787件），中学校（同165件），特別支援学校（同146件），小学校（同3件）である（文部省・文科省の教員免許状授与件数等調査結果より）。

なお，免許状①〜③のうち，②臨時免許状と③特別免許状は，本人が「取得したい」と希望すれば教育委員会による教育職員検定を受けられるというものではなく，実際には教員ポストを埋めることとの関係，つまり任用が前提となって授与に至るものである。

(3) 免許状主義の例外

教免法は免許状主義をとっているが，免許状をもたずに授業を行うこと（免

許状主義の例外）についての定めもある。

①**特別非常勤講師**（教免法第3条の2）

教員免許状をもたない人が非常勤講師として教科の領域の一部を担任することができる制度である。たとえば，教員免許をもっていない画家が，中学校の「美術」で絵画の授業を単独で行うことが可能になる。多様な専門的知識・経験を有する人を迎え入れて，学校教育の多様化・活性化を図るという趣旨の制度であり，特別免許状と同じく1988年教免法改正によって導入された。当初は教育委員会による許可制であったが，1998年法改正で届け出制（任命しようとする者があらかじめ都道府県教育委員会に届け出る）となり，同時に担当できる教科等が拡大された。現在では小・中・高・特別支援学校の全教科，道徳，総合的な学習の時間や小・特別支援学校（小学部）のクラブ活動の担当が可能である。2016年度の届け出数は2万771件となっている。

②**免許外教科担任制度**（教免法附則第2項）

中・高・中等教育学校（前期・後期課程）・義務教育学校（後期課程）・特別支援学校（中学部・高等部）において，「相当の免許状」をもつ者を教科担任として採用することができない場合に，他教科の免許状をもつ校内の教諭が，1年に限って，免許外の教科を担任できるようにする制度である（1953年教免法改正で創設）。たとえば，生徒数が少なくすべての教科の教員を配置できない中学校（6学級以下の中学校では全教科の配置がむずかしい）で，理科の教員免許状をもっている教員が数学を担任するといった例である。他校の教員や同一校内であっても講師では不可である。その学校の校長と免許外を担任することになる教員が連名で都道府県教育委員会に申請して許可を得ることが必要である。現在でも年間約1万件余りの許可数があり，2014〜2016年度における許可件数上位5教科は，中学校では家庭・技術・美術・数学・保健体育，高等学校では情報・公民・工業・地理歴史・福祉となっている（文科省教職員課調べ）。

2 教職への入り口—教員採用

(1) 教員採用の仕組み

①公立学校教員の採用

　公立学校の教員（教育公務員）は，地方公務員である。しかし，一般の地方公務員の採用が原則として「競争試験による」とされている（地方公務員法第17条の二：以下，地公法）のに対し，教員の採用は教育公務員特例法で「選考」に限られている（同法　第11条）。「選考」とは「競争試験以外の能力の実証に基づく試験」（地公法　同前）であり，行政事務能力の有無を判断する「競争試験」とは異なり，「一定の基準と手続き」のもとに「学力・経験・人物・慣行・身体等」を審査することであるといわれる[2]。教員の採用で「選考」という方法がとられるのは，子どもの成長を支援する教員の専門性やそれを支える人格的要素の判断は競争試験にはなじまないと考えられるためである。また，採用対象が，原則として教員免許状を取得（あるいは取得見込）の者であるという点で，専門性や実践的指導力の基礎を身につけている保証があることにもよるだろう。一般の地方公務員の場合でも，看護師，学芸員，職業訓練指導員など応募者の職務遂行能力が資格などで実証されている場合に，「競争試験」ではなく例外的に「選考」での採用が行われることとも符合する。しかし，のちに述べるように，現実には教員採用試験は競争試験の様相を呈している。

　教員採用については，「選考権者」と「任命権者」は区別されており，都道府県・指定都市教育委員会の教育長が行う「選考」に基づいて，「任命」は都道府県・指定都市教育委員会が行う[3]。

　実際の公立学校教員採用選考試験については，年度ごとに『実施要綱』が発表され，毎年1回，都道府県および政令指定都市で実施されている。政令市については，単独で実施する場合と，県と共同実施する場合がある。

　採用選考に際しては各県・市が求める「教師像」が示される。試験は，一次試験では筆記試験（一般教養，教職教養，専門教養，小論文など），二次試験では面接（個人面接，集団面接，設定されたテーマでの集団討論などの形式）と実技（体育，音楽，英語）が中心で行われるのが一般的である。模擬授業や場面指導，

指導案作成が課される場合も多い。人物を見極めるためとして，多様な選考方法がとられてきている。

量的な面でみると，各区分（小・中・高・特別支援・養護教諭・栄養教諭）合計の教員採用数は1980年に最高値（4万5651名）に達したが，最少の2000年には1万1021名となった。受験者数の最多は1979年（25万7842名），最少は1992年の11万949名である。採用数が多い時期に受験者が増えるが，受験者数，採用者数ともに変動が非常に大きいことがわかる。各区分を合わせた「競争倍率」（文科省の資料でこの用語が用いられている）の最低値は受験者数が最少を記録する前年の1991年で3.7倍。最高値は採用数が最少であった2000年の13.3倍である。採用数の動向については，近年，とくに都市部の小学校を中心に増加が続いて「大量採用時代」といわれたが，現在はそれが終わろうとする時期に入っており（山崎　2015），2017年度の採用数は3万1961名であった。

公立学校教員採用選考の実施方法（面接・実技・模擬授業などの試験内容，特定の資格や経歴などをもつ者を対象とした特別の選考，採用選考の透明性の確保や不正防止の取り組みなどの実施方法）や実施状況（受験者数，採用者数，競争率，女性比率，学歴別内訳，新規学卒者比率，民間企業経験者等の人数など）については，毎年，文部科学省の調査結果[4]が公表されているので，採用試験の実情を知る手がかりとなる。

公立学校教員採用については，近年，試験問題・解答・配点・基準などの情報公開が一気に進んだ。教員の担う公教育の仕事の公共性を考えるなら，教員採用にかかわる情報が公開され，採用の公正さや透明性について社会的な納得が得られるようにすることは重要である。また，教員志望者は，情報公開・開示によって，どのような力をつけるべきか，（不合格の場合）自分の何が不十分と評価されたのかを知ることができる。同時に，採用試験の「傾向と対策」がいっそう洗練され，「対策」巧者が採用試験を突破していく状況も生じる。

教員採用とは"子どものための先生選び"に他ならない。どのような人物がその地域で子どもの教育の担い手となるべきかについて広く議論し，教員の仕事の専門性に即し，地域住民や保護者に対する責任を意識した「選考」のあり方

を検討していくことが必要である。たとえば，現在，面接担当者は主に教育委員会事務局職員や現職の校長，指導主事などで構成されているが，「民間人起用」として民間企業関係者，臨床心理士，弁護士，保護者などが参加する場合がある。また，教育委員は現在は首長（知事や市町村長）が任命するが，かつて住民による公選制であった時期に，住民が直接投票で選んだ教育委員が面接担当者に入っていたという経験も記録されている[5]。"先生選び"に地域住民や保護者の意見をいかに反映させるかの仕組みは，地方教育行政制度のあり方ともかかわっているのである（第1章 4 参照）。

なお，教員採用試験については，自由民主党教育再生実行本部「第四次提言」が「教師の『国家免許』化」とともに「教師採用試験の共通化」を提言し（2015年5月12日），同年の中央教育審議会（以下，中教審）答申では，教員採用試験における共通問題の作成について国が各都道府県の採用選考の内容分析やニーズの把握など，必要な検討に着手するとされている（中教審 2015）。今後，公立学校教員採用試験が統一化・共通化の方向で進む可能性があることに注意が必要である。

②私立学校教員の採用

私立学校教員の採用については特別な法的定めはなく，各学校や学校法人が独自に自校に適した方法で教員採用を行っている。同一法人内に複数の学校がある場合，実際の採用試験や面接といったプロセスが個別学校ごとになるのか学校法人全体で行われるのかなども多様である。私立学校では，「建学の精神」や学校の沿革，独自の教育理念に基づく教育への理解など，私学教育を担うことについての自覚と意欲が求められる。

採用は，一般公募（ウェブサイトへの公募情報掲載や大学等への公募書類送付）のほかに，私立学校の団体である各県の私立学校協会・連合会が行う「私立学校教員適性検査」や「私立学校教職員志望者履歴書依託・預かり・登録等」による場合や，関係教職員の紹介などによる場合もある。「私立学校教員適性検査」（2018年度は東京都・静岡県・愛知県・兵庫県・広島県・福岡県・長崎県の私立学校協会で実施）は，協会加盟校（主に中学校・高等学校。一部小学校を含む）に

対して教員志望者の情報を提供することを目的としており，この検査で合否が決まるという性質のものではない。

　私立学校の教員採用については，公立学校教員採用についての文科省調査のように全国的状況を一元的に把握できる情報はない。

（2）教員採用をめぐる近年の現状
①教育行政による「養成」「育成」の採用への影響
　2004年に東京都が「東京教師養成塾」を開始したのを皮切りに，近年，「養成塾」「養成セミナー」「教師塾」といった名称で，教育委員会が教員志望の大学生などを対象にして教員養成の一部を自前で実施する事業が増加している。これらでは学校現場体験へ一定期間の参加を求めるのが特徴で，2015年には35事業に増加した。うち28事業が教員の任命権をもつ都道府県・政令指定都市の自治体によるものであり，特別選考枠など教員採用での優遇策がとられる場合も少なくない（矢野　2017）。

　これらの事業には，大都市を中心に教員の大量退職・採用の時代（第2章2（1））において，人材を早期確保したいという背景や，これから採用することになる教員候補者の実践的指導力や使命感を高めておきたいという意図があるといわれる。しかし，「大学における教員養成」という原則への抵触や，養成と採用がなしくずし的に一体化されるという点で問題も多く指摘されている。教育委員会による「養成」が特別選考などで教員採用と強く結びつけられている場合，まさに，「教員採用の制度運営の過程に生ずる問題は「大学における教員養成」に直接，間接に影響を与える要因」（土屋　2017）となる。

②非正規雇用を経由しての採用
　教員採用試験に不合格であったり受検しなかったけれども教員として働くことを志望する場合，公立学校であれば教育委員会に「臨時的任用候補者名簿」への登録を申し込み，講師としての採用を待つことになる。私立学校の講師は各校が独自に募集する。臨時的任用教員（常勤講師）については歴史的に多くの問題が指摘されてきたが（神田・前島　1983），近年，非常勤講師も含めた非

正規教員が急激に増大し（第7章 3），公立でも私立でも学校職場が1980年代とは様変わりしている。2016年時点では，専任でない教員（「兼務者」）が全体のなかで占める比率は，公立小学校で8.1％，公立中学校で10.0％，公立高等学校で17.8％，私立高等学校では36.6％である。とくに高等学校の場合，「時間講師」（「兼務者」のうち担当する授業のみを受け持つパートタイム勤務）の比率が公立14.9％，私立29.8％となっている（文科省「学校基本調査」より算出）。

このような公立学校教員の非正規化の進行は，自治体財政問題が結果として生じさせたものであり（藤村 2007），第7章 3 で解説されているように，法令改正がその後押しとなったことはまちがいない。私立学校の場合には，非正規教員の確保について，民間の教員就職支援エージェントや人材派遣会社，求人検索エンジンが果たす役割が大きくなってきていることも近年の特徴である。

では非正規雇用の増大は，教員を志望する人たちにとって具体的にどのような影響をもたらしているのか。

文科省調査（「公立学校教員採用選考試験の実施状況について」；注4 URL参照）で，採用者全体のなかで新規学卒者と「教職経験者」がそれぞれどの程度の比率を占めるかみてみよう。ここでいう「教職経験者」とは「公立学校教員採用前の職として国公私立の教員であったもの（非常勤講師も含む）」である。2017年度では，小学校で新規学卒43.3％：「教職経験者」46.9％，中学校で32.9％：53.5％，高等学校で32.7％：47.8％と，いずれも新規学卒者より「教職経験者」の比率が高い。つまり，新卒で正規採用されるより，いったん「教職経験者」となってから採用される場合のほうが多いのである。ただし，この集計では「教職経験者」のなかに非常勤講師がどれくらい含まれるのかはわからない。

そこで，採用前の状況として「臨時的任用及び非常勤講師」の区分があり，かつ，「本務教員経験」の有無がわかる「学校教員統計調査」から表3.1を作成した。表の「経験なし」の欄が，"正規採用されたことのない非正規教員"にあたる。この欄の人が同年度の教員採用者全体のなかで占める比率も示した。これをみると学校種によって傾向がちがい，小学校では「本務教員経験あり」

表 3.1　採用前の状況が「臨時的任用及び非常勤講師」であった者の内訳

		2010 年	2013 年	2016 年
小学校	本務教員経験あり	3,972	3,585	3,816
	経験なし（採用者全体に対する比率）	290 (16.7%)	2790 (15.9%)	260 (14.0%)
	小　計	6,876	6,375	6,418
中学校	本務教員経験あり	2,400	2,260	2,272
	経験なし（採用者全体に対する比率）	2,41 (22.1%)	2,63 (22.7%)	2,50 (21.8%)
	小　計	4,812	4,897	4,778
高等学校	本務教員経験あり	1,475	1,481	1,417
	経験なし（採用者全体に対する比率）	2,34 (27.7%)	2,75 (27.2%)	2,45 (25.1%)
	小　計	3,817	4,238	3,872

出所：文科省『学校教員統計調査報告書』より作成

──本務教員であった者がいったん退職し，その後再び教職に戻って非正規（臨時的任用や非常勤講師）で勤めていたが，この年度の採用試験で正規採用されたというパターン──が統計の得られる3回のいずれでも多い。これに対し，中学校では「本務教員経験なし」がやや多く，高等学校では「経験なし」が明らかに多い。採用前に臨時的任用や非常勤講師といった非正規雇用を経由することが，とくに中学校・高等学校の場合，採用者の4～5人に一人が経由するいわば教員就職のキャリアルートになっている実態が示されている。いったん講師を経て採用試験合格，というのは大学生が先輩の様子をみている実感にも近いだろう[6]。

3　教員という進路選択──大卒労働市場と教員就職

（1）教員の量的確保と教員就職

①教員需給を考える2つのモデル──労働市場モデルからの指摘

　公教育の教員については，「資質向上」という言葉に象徴されるように，「質」が求められるのはもちろんだが，同時に，いやむしろそれ以前に，量の

確保という問題が重大である（序章参照）。先に，教員採用試験受験者数・採用者数ともに非常に変動が大きいことを述べたが，それは大量採用時代と教員への就職難時代とが周期的に繰り返されたということである。教員の需要を見定めて適切な数の教員が揃うようにすることは常に困難な課題となってきた。

　この量的確保の問題を考えるに際しては，児童・生徒数と退職教員数などから教員需要を推計し，必要な教員数を確保できるよう教員養成計画を立てるマンパワーモデルによることが多い。近年，大量採用時代の終焉を見すえて，教員需給についての研究が進められてきたが，それらはマンパワーモデルにもとづくもの（たとえば，山崎 2015）が主である。いっぽう，教員需給を考える際に労働市場の影響に注意を払うべきという指摘は早くからなされていた（矢野 1982）。この労働市場モデルでは，教職を人々に選択される職業の1つと捉え，その選択メカニズムに経済変数が影響を与えると考えられる。

　多数ではないものの蓄積されてきた労働市場モデルの研究[7]では，教職選択について，いくつか興味深い指摘がなされている。たとえば，教育学部は不況に弱い－不況で就職難になり，さらに教員給与が改善されると，他学部生の教職志向が強くなり教育学部卒業生の就職機会が圧迫されること（矢野 1982）。雇用情勢が悪化すると教員採用試験の男子受験者数が増加することや，教員の賃金水準は採用試験受験者数のみならず自己都合の退職者（定年ではなく自らの意志で教職を去る人）の動向にも有意な影響を与えていること（藤村 2007）。県別の小学校教員採用試験の競争率は，各県の民間と比べた際の小学校教員給与水準と有意な正の相関関係にあること（舞田 2013）[8]，などである。これらの指摘は，教員の需要と供給を考える際，教員就職を大卒労働市場一般のなかで考えなければならないことを示している。

　また，経済学からは，大卒者のなかでもとくに女性について，民間での雇用待遇の変化に着目して教員市場の分析を行うべきとの指摘がされている（佐野 2006）。労働市場における男女差別の改善が教員採用に予期せぬ影響を及ぼし，多くの優秀な女性が「教師になってくれた」時代は過ぎ去ったという指摘である（大竹・佐野 2008）。

② 大卒就職のなかでの教員就職

これらの指摘をふまえて，大卒者の教員就職を就職者全体のなかでみようとしたのが図3.1である。ここからは，1980年代前半までは大卒女性で就職した者のうち3割以上が教員になる時代が続いたこと。しかし，1980年代以降，一気にその比率が下がっていることがわかる。大卒男性についても教員就職者はかつてほどの比率を占めているわけではないが，女性ほどの劇的な変化はみられない。ある退職女性教員が「40年前，女性の職業として確立されていたのが教員だった」と語ったが，男女同一賃金で，かつ他職に先がけて産休・育休などの制度が充実した教職は，かつて就職先そのものが限られていた時代の大卒女性にとっては貴重で魅力のある職業だった。しかし，大卒女性が就職できる職業の幅が広がるにつれ，教職はほかの職業といわば横並びの選択肢になったということであり，前述の経済学からの指摘と符合している。

短大卒女性の場合は，1960年代半ばに幼稚園教員の供給源としての性格を明確にするのと同時に，小学校以上の教員就職者比率は低下した。現在では教員供給について大学との間で一種の棲み分け状態にある（図3.2）。

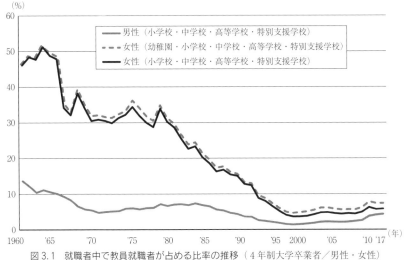

図3.1　就職者中で教員就職者が占める比率の推移（4年制大学卒業者／男性・女性）
出所：文部省・文科省『学校基本調査報告書』より作成

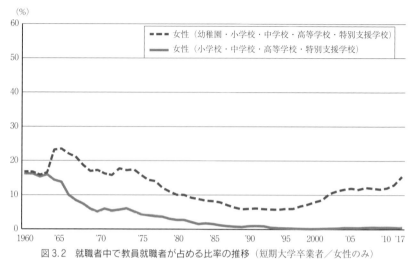

図3.2　就職者中で教員就職者が占める比率の推移（短期大学卒業者／女性のみ）
出所：文部省・文科省『学校基本調査報告書』より作成

　18歳人口の減少に伴い，進学率の上昇にもかかわらず，大卒者総数は緩やかな上昇ないし伸び悩みになっている。しかも，男性の大卒者数はすでにこの10年あまり減少傾向を続けており，女性の大卒者が増えることによって総数としての緩やかな上昇ないし伸び悩みを維持できている状態である（図3.3）。高度化する社会のなかで大卒者への需要が減少するとは考えづらく，教職は産業界との関係で「優秀な人材」の獲得競争に直面せざるを得ない。中教審答申（2015）でも，「これまでの議論の中心は，教員を育てるという視点からであったが，加えて，有為な人材を教壇に確保するという視点も必要となっている」との認識が示された。なかでも女性を引きつけることが重要になるだろう。
　この状態のなかで，図3.1の教員就職率の動向をみるなら，教員就職を大卒労働市場一般のなかにおいて考え，大卒者総数頭打ちのなかで教職を"選ばれる"仕事にすることの重要性は明らかである。"理想の教師像"や"教師はかくあるべし"から演繹して「これこれを教員養成段階で身につけさせねばならない」とする規範的な言説を積み重ねるだけでは現実的によい教員を得るのには実効的ではない，少なくとも，それだけでは十分ではないといえる。

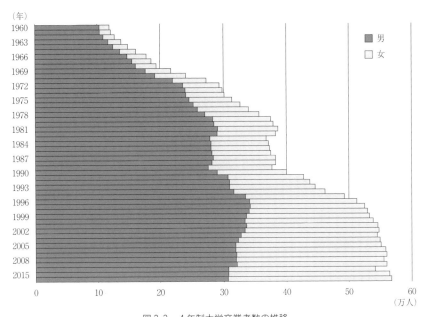

図3.3 4年制大学卒業者数の推移
出所：文部省・文科省『学校基本調査報告書』より作成

　今日，中教審の会議に文科省初等中等教育局から「いわゆる『教員不足』について」という資料[9]が提出されるほど教員確保がむずかしい状況が生じている。同資料によると，11自治体を対象とした調査で，不足の要因として「良く当てはまる」が最も多かった（7自治体）選択肢は「講師登録名簿登載希望者数の減少」である。臨時的任用であっても教員になりたいと思う人が減少し，前述した「非正規雇用を経由しての採用」というあり方では教員の量的確保ができなくなってきているのである。すでに10年前，「個人の教職選択についていえば」これまで不況と比較的恵まれた教員賃金が「競争力の強い志望者」をひきつけてきたが，景気の回復と教員相対賃金の低下の下ではそれが成り立たなくなると警告されていた（藤村　2007）。その危機が現実になりつつある。教職を"選ばれる"仕事にするための教育行政の責任は重い。

(2) 教員になる／ならないを選びとる
①教員になることを選ぶ―いっぽん道ではない教職選択
人は，さまざまなプロセスを経て教員になる／ならないを選びとる。

・子どものころから教員志望をもち続け，望みを果たして大卒後すぐに教員になった人。
・教職以外の進路は考えていなかったが，教員になるための学習が「教師以外の進路を知るための力になってくれた」（教員になったあとに生徒のキャリア教育をするからと，業界や職種について調べてみたところ，思いのほか興味のある業界や職種が多いことに気がつき「それまでほかの職業について考えてみたこともなかったので，こんなにやってみたいと思える職業があったのは衝撃だった」）と，教員とは別の職業を選びとった人。
・教員免許取得後，いったんは保険会社に就職して病気・ケガ（場合によっては死亡）の際に人を支える仕事にやりがいを感じていたが，病気・ケガを可能なかぎり避けるには教育の力によるところが大きいと，改めて教員の仕事を選び採用試験に合格した人。

教職は，前述のように非正規比率が高く，産休・育休の取得が進んでいたり，定年退職後の再任用が広がっているなど，リニアな人生モデルだけではカバーできない部分が多々ある。大学生活を教職に入るためのいっぽん道と捉えず，同時に，卒業後も自らの仕事について考えつづけることが必要だ。

では，卒業後に他職に就いて，教職へ「中途入職」しようとする場合，実態はどうなっているのか[10]。専任教員としての勤務経験をもつ人が教職に再就職する場合や臨時的任用教員・非常勤講師は除いて，一般的なイメージの「社会人」が採用者全体のなかで占める比率を算出したのが表3.2である[11]。ちなみに，公立学校教員採用における「民間企業等勤務経験者」（「公立学校教員採用前の職として教職以外の継続的な雇用に係る勤務経験のあった者」「ただし，いわゆるアルバイトの経験は除く」との定義）の比率は，2017年度の場合，小学校

3.5%，中学校 4.7%，高等学校 13.7%，特別支援学校 6.1%となっている（文科省「平成 29 年度公立学校教員採用選考試験の実施状況について」）。決して大きな比率ではないが，「中途入職」という選択肢の存在がわかる。

表3.2　「社会人」からの中途入職者が採用者全体に占める比率　　　　　　　　　　（%）

年	2010	2013	2016
小学校	7.6	6.0	5.4
中学校	8.2	7.3	9.2
高等学校	12.2	11.1	10.7

出所：文科省『学校教員統計調査報告書』より作成

②確かな選択のために

最後に，教員養成を受けて公教育の学校の教員になるというプロセスを改めてモデル的に考えてみよう。そこには，次のような進路選択ポイントがある。

（a）教育学部入学や教職課程の履修（教員資格取得をめざす）を選ぶ
（b）公教育学校の教員という職業を選ぶ
（c）その国（たとえば，日本）の公教育学校教員になることを選ぶ

日本の開放制の教員養成のもとでは，（a）－（b）の間，すなわち免許状取得者数と実際の教員就職者数との間に大きな人数ギャップがあり，それが「実習公害」批判を生み，「質保証」上の問題とされてきた（第1章 4 参照）。（b）－（c）間は日本ではほとんど意識されないが，たとえば英国では海外での教員就職は以前から珍しいことではない。今日，グローバル化の進行につれて免許保持者の国境を越えた教員就職は世界的に拡大している[12]）。

本節（1）で言及した労働市場モデルは，"個々人が教員を職業として選ぶ"ことの結果に着目する分析である。本書の読者の多くは（a）を選んで履修中の学生であろう。もしあなたが，強固であったはずの教員志望について"迷い"を感じているなら，それは自己の現状と求められている水準との開きに気づいた（自己を客観視できている）ということでもある。"迷い"をあってはならない状態と捉えるのではなく，重要なのはそれをくぐったうえで（b）教員になるという選択をすることである。また，教員以外の職業を選んだ場合も（あるいは履修を途中で断念した場合においてさえも），（a）を選び履修することで学んだことの自分なりの意味づけを確かにし，教員という職業について理解

を深めた一市民となることを意識してもらいたい。たとえば、教員免許取得後に地方公務員となる学生が、養成を受けたことの意義を次のように記している。

> 「仕事が大変そうだから福祉系の課には行きたくないと思っている人もいます。自分も教職課程を履修していなければ、生活保護や障害者福祉といった難しい課を毛嫌いしていたのかなと思います。教職課程の中で現状に困難を抱える人にどう関わっていけるのかを意識するようになった…（中略）。市民には様々な事情を抱えた人がいて、市民の問題を解決していく行政職員として、地域としての広い視野だけでなく、その人にとって何が一番大切なのかを考えられることを大切にして働きたいと思います。」

国立教員養成系大学・学部では、いわゆる「ミッションの再定義」（2013年）によって各種の数値目標の達成管理が強化され、そのなかには教員就職率・県内小学校教員採用の占有率や教員採用試験受験者率などが含まれている。その結果、教員養成系大学・学部入学後に学生の進路が教員就職からそれることについての許容範囲が狭まる傾向が指摘されている。近年、教員になることに限らず、一般的に、学校から仕事への移行の長期化・複雑化・困難化が生じている。この状況が大学に求めているものは、教員をめざす人（教育学部生や教職課程を履修する学生）の発達保障が将来的には（その人たちが担当する）子どもの発達保障につながっていくという見通しのなかで、進路の"迷い"を不適応と捉えず、職業的アイデンティティ形成の過程に位置づけ、学生が実のある進路選択をできるよう支援することであろう。

教員養成のカリキュラムには、教員として確かな力量をつけていくための仕組みとして、「履修カルテ」や教職課程履修の最後の段階で履修する「教職実践演習」が整備されている。学生にとっては義務づけられたもの・必修として「こなす」感覚となりがちなこれらは、じつは（a）から（b）へと進む間において、学生が教員になることを納得と確信をもって選択していくことを支える仕組みでもある。学校教員という職業につくために、身につけるべき事を学

んで教職を選びとる。そのために，履修開始時点から，「履修カルテ」や「教職ポートフォリオ」を作成しながら，自分が卒業後の進路についてどう考え，それがどう変化しているのかというプロセスを自覚しながら（b）へ進むことが必要だ。さらに，（b）の先に（c）という選択が存在するという視野をもつことは，グローバル化時代に次の世代を育てる教員には不可欠であろう。

> **深い学びのための課題**
> 1. 学校種・教科を具体的に設定して，「こんな人が先生であってほしい」と考える条件を列挙してみよう。そのうえで，自分が教員採用試験を受けてみようと思う県・市の採用試験実施要綱や試験問題を探し，それらの採用試験で先の条件を確かめることが出来るかどうか考えてみよう。
> 2. 自分が教員という職業を選択する〔選択しない〕ポイントはどこにあるのか。教員以外の職業を1つ設定し，それとの対比で説明してみよう。

注
1) 文部科学省ウェブサイト http://www.mext.go.jp/a_menu/shotou/nintei/main9_a2.htm。
2) 教育公務員特例法第11条の解説（『解説教育六法2018年版』三省堂，745頁）。
3) 政令都市以外でも，大阪府から教職員の人事権の委譲を受けた大阪府豊能地区教職員人事協議会が府内の特定地域（豊中・池田・箕面市および豊能・能勢町）の教員採用選考を実施するといった例が出てきている。
4) 文部科学省ウェブサイト http://www.mext.go.jp/a_menu/shotou/senkou/1243155.htm。
5) 岸本進（1955年卒）「進路決定時の回想」（神戸大学教育学部五十年史編集委員会（2000）『それぞれの神戸大学教育学部―回想でつづる五十年』神戸大学紫陽会，111-112頁）。
6) なお，「学校基本調査」では大学（学部）卒業者の進路状況が分野別に集計されており，「正規の職員等でない者」の比率が「教育」分野で14.0％（2位は「その他」で4.8％，3位は「家政」の4.7％）と突出している。「教育分野の正規の職員等でない者には，教員の臨時的任用を含む。」と注記が付されていることも，教育系の学科（国公私立）の就職状況の独特の困難を示すものとなっている（文科省「平成29年度学校基本調査（確定値）の公表について」http://www.mext.go.jp/component/b_menu/other/__icsFiles/afieldfile/2018/02/05/1388639_1.pdf）。
7) ただし，一般大学・学部卒業者も含めた教員就職全体というよりは教員養成系大学・学部に対象を限定して論じている場合が多い。
8) 2013年度の統計を用いた相関関係のデータ・図が同氏のブログ「データえっせい」に掲載されている（http://tmaita77.blogspot.com/2015/03/2013_29.html）。
9) 2018年8月2日　中央教育審議会初等中等教育分科会教員養成部会（第101回）資料3－5 http://www.mext.go.jp/b_menu/shingi/chukyo/chukyo3/002/siryo/__icsFiles/afieldfile/2018/08/08/1407922_10.pdf。
10) 戦後から2000年代初頭までの議論と課題については安藤（2002）に的確にまとめられている。

近年の状況については前原（2018）参照。
11）文科省「学校教員統計調査」の「教員異動調査」では，採用前の状況について「新卒採用」か「前職教員（採用前の職業が大学・専修学校等，高等専門学校以上の教員であった場合）」か「その他」か，およびそれぞれについて「本務教員経験の有無」が調査されており，2010年から「その他」の内訳がより詳しく細分化された。そこで，同年以降の調査結果を用いれば，「臨時的任用及び非常勤講師」ではなかった「その他」（「官公庁」+「民間企業」+「自営業」+「塾・予備校講師」+「ポストドクター」+「その他」）でかつ「本務教員経験なし」の人数を把握できる。これらの人を「教職中途入職者」としてそれが採用者全体のなかで占める比率を算出した表である。
12）日本の現行教員免許制度においても，外国で教員免許を取得した者・外国の学校卒業者に対して行う「教育職員検定」がもうけられている（教免許法第18条）。

引用・参考文献
安藤知子（2002）「社会人から教員をめざす」日本教師教育学会編『教師をめざす―教員養成・採用の道筋をさぐる』〈講座教師教育学 第Ⅱ巻〉学文社
大竹文雄・佐野晋平（2008）『こんなに使える経済学―肥満から出世まで』筑摩書房，75頁
神田修・前島康男（1983）「臨時的任用教師の実態と問題」日本教育学会教師教育に関する研究委員会／代表長尾十三二『教師教育の課題―すぐれた教師を育てるために』明治図書，179-190頁
佐野晋平（2006）「女性の雇用待遇と教員市場における実証分析」大阪大学博士（経済学）論文
中央教育審議会（2015）「これからの学校教育を担う教員の資質能力の向上について～学び合い，高め合う教員育成コミュニティの構築に向けて（答申）」
土屋基規（2017）『戦後日本教員養成の歴史的研究』風間書房，236・571頁
藤村正司（2007）「教職選択と教員採用の社会学」加野芳正・藤村正司・浦田広朗『新説　教育社会学』玉川大学出版部，147頁
舞田敏彦（2013）『教育の使命と実態―データからみた教育社会学試論』武蔵野大学出版会，256頁
前原健二（2018）「『教職中途入職者』に関する予備的考察」『教員養成カリキュラム開発研究センター研究年報』Vol. 17
矢野博之（2017）「行政機関における養成教育（教師塾など）」日本教師教育学会編『教師教育研究ハンドブック』学文社，238-241頁
矢野真和（1982）「教員需給の経済学」市川昭午・菊池城司・矢野真和『教育の経済学』〈教育学大全集4〉，第一法規，143-160頁
山崎博敏（2015）『教員需要推計と教員養成の展望』協同出版

第Ⅱ部　教員の仕事

第4章
教員の日々

1 教員の一日

　教員は昔から忙しい。だが，現代の教員は嘆きですむレベルではない忙しさをかかえている。OECD が 2013 年に行った国際教員指導環境調査（TALIS）[1]は日本の教員の週あたりの労働時間は OECD 平均 38.3 時間よりも 15 時間以上長い 53.9 時間であり，とくに部活指導の時間，一般事務業務にあてる時間が長いことを指摘した。

　過労死ラインといわれる 1 カ月 100 時間以上を超えて働いている教員の割合は，小学校教諭が 17％，中学校教諭では 41％ にのぼる（文部科学省「平成 28 年度勤務実態調査結果（速報値）」）。教員のかばんはパンパンにふくらんでいる。作文や見切れなかったノート，教材研究のための資料がその中に入っている。持ち帰り労働も常態化しているのだ。日本の教員の労働時間は国際的にみても，他職と比べても長く，何より，絶対的な超勤のラインを大きく上回っているのである（詳細は第 7 章 3 参照）。

　教員の日々は具体的にはどのようなものだろう。二人の先生に登場してもらい，日本の教員の働きぶりをみてみよう[2]。

（1）小学校教員―杉山先生の一日

　杉山先生は，学校 4 年生を担任するベテランの女性の先生。

> 　朝，6 時起床，7 時に家を出る。7 時 30 分学校に到着。黒板を見て，今日の会議などを確認。教室で授業を構想しつつ，日記や答案の採点を行う。この時間が邪魔されず，集中ができる時間だ。8 時子どもたちが登校

してくる。8時20分，職員朝会。朝読書の指示をして，職員室へ向かう。

　朝会で，その日の行事が確認される。今日は運動会のための石拾いがある。地域から下校時の子どもが広がって歩いていることへの苦情があったという報告。朝の会で話す中身を考え，隣の同僚と算数の授業の教具の件で打ち合わせ，慌ただしく，教室へ向かう。

　朝の会が始まる。出欠を確認し，石拾いに外に出る。教室へ戻ってきて，1時間目は社会。市の統一テストを返し，誤答が多かった問題を解説する。テストが多く，授業が思うように進まない。2時間目は音楽。音楽は専科なので，その間に宿題の点検を行う。2時間目と3時間目の間の長い休みに子どもといっしょに遊ぶ。3時間目の算数は少人数で2学級を3つに分割している。冒頭に計算ドリルをしようとしたところ，忠くんがドリルをびりびりにやぶり，教室を出てしまった。すぐさま，副校長に連絡をとり，忠くんを委ねる。4時間目を終え，給食の時間になった。忠くんも話を聞いてもらって，落ち着いて帰ってきた。すばやく給食を食べ，計算ドリルの点検とノートをチェックする。それが終わると，全校掃除。

　5時間目の体育は幅跳びをやめ，からだほぐしと集団のゲームを行う。人間関係をつくっていきたいと考えたからだ。終了後，帰りの会を行う。明日の持ち物や連絡を連絡帳に書かせる。帰りの会で，一日を振り返る日記を書くことを4月から続けてきた。子どもたちは日記を机上に出して帰る。

　教室の片付けをし，職員室に戻ると，「防災教育の実施状況に関する調査」が置かれていた。15時45分から安全教育委員会の会議。次の防災訓練の実施要領をつくり，消防署などへの連絡をはかる仕事だ。校務分掌をいくつかかけもちしなくてはならない。新しいことをやってみたいが，時間がなく，前年度の文章を日付だけ打ち替えたものになってしまうことが多い。

　会議が終わり，ノートチェック，日記の残りを読む。18時になった。子育て世代の教員たちは慌ただしく帰っていく。教員のかばんはパンパン

だ。中に、子どもの作文や答案がつまっているのだ。延長保育のお願いをしている人もいる。教員もまた、家庭をかかえた人間なのである。忠くんの家にも電話を入れるが、保護者の対応はそっけない。

18時半になり、副校長が地域の方との打ち合わせを終え、戻ってきた。忠くんの件でのお礼をいい、状況を聞く。テストが続き、うまくいかないので、イライラしていたようだ。早朝から漢字を勉強させられて学校にきていたという。スクールカウンセラーにつなぎ、対策を打つことにした。話の終わり際に、校庭開放の夏祭りを手伝ってほしいと言われる。ボランティアだが、いつも一番遅くまで仕事をしている副校長から頼まれてはむげに断れない。結局、学校を出るのが19時を回った。4,5人の先生が残って仕事をしている。「調査」は持ち帰る。テストの点数の入力があるが、これは学校でしかできない。

家に帰り、食事の準備をする。21時前に夫が帰ってきた。ぐちをいいながら、食事をすませる。お風呂に入ると、22時を過ぎている。少しだけ教材研究をする。結局、寝るのは0時を少し回った。

（2）中学校教員—秋田先生の一日

続いて、中学校教員の一日を描いてみよう。秋田先生は、28歳独身男性。

今年で5年目になる。教科は社会科、新しく赴任してきたこの学校でバスケット部の顧問を務めることになった。学生時代はバレー部だったので、スポーツはきらいではないが、バスケット経験はない。ルールや作戦、トレーニングのために勉強する毎日だ。生徒よりも技術的には劣ることもある。前任の顧問は市のバスケット連盟の中心でバスケット部も強豪だ。

7時…出勤。パソコンを立ち上げ、進学関係の書類を作成する。今年は担任している2年生3クラスと3年生の2クラスを受け持っている。7時30分…朝練のために生徒がやってきた。書類仕事を一段落させ、体育館

をのぞく。そこから，職員朝会。中学校は教科担任制のため，自分の担任クラスの様子をほかの先生から聞き，複数で受け持っている1年生の社会科の進度やテスト範囲などの打ち合わせは欠かせない。

担任しているクラスに行き，HR をする。授業は一日に4,5時間だが，空き時間も打ち合わせや授業を抜け出す生徒の指導にあたったりすることがある。クラスの終礼が終わるのは15時半。そこから，部活が始まる。毎日，18時半まで練習が続く。土曜日はもちろん部活だ。地区予選を前にして，日曜日も練習試合が入る。文科省から「運動部活動での指導のガイドライン」(2013) が出され，休養日を設けるようにうながされているが，どの運動部も毎日あり，親たちも熱心で，休みにできない。今月の休みは1日だけだ。

18時半，部活が終わってから，ようやく，クラスの生徒の日記，ミニテストの採点，入力にとりかかる。トラブルは日常に起こる。思春期まっただ中，進学問題もかかえた中学生の指導はデリケートで深刻な問題になることも多い。

退勤は20時前になった。コンビニの食事をすませ，教材研究に向かう。地域史を掘り起こしたりしたいが，その時間もとれない。こなさなくてはいけない単元が多く，教科書を中心にした講義型の授業になりがちだ。この日も教材準備は教科書のチェックで終わった。

ベネッセの調査[3]によれば，表4.1のように教員の出勤時間の平均は7時30分頃，杉山先生のようにやり残した仕事や一日の段取りを立てるために早めに出勤する教員は多い。中学校教員は朝練指導がある。そして，同僚と簡単な打ち合わせを行う。

授業が始まると，休憩時間はなきに等しい。労働基準法は，労働時間が6時間を越える場合，45分の休憩時間を労働時間の途中に与えるものとしているが，小中学校の教員の場合，昼食時も給食の配膳，アレルギー除去食のチェック，食事指導があり，休憩時間はない。早々に食事をすませ，丸つけなどを行

表 4.1　校種別の勤務状況（朝 7 時から 19 時まで　休憩は 10 分程度）

	出勤時刻	在校時間	退勤時刻	睡眠時間
小学校	7：27	11 時間 54 分	19：21	5 時間 47 分
中学校	7：23	12 時間 30 分	19：53	5 時間 48 分
高等学校	7：39	11 時間 33 分	19：12	5 時間 55 分

出所：ベネッセ総合教育研究所（2016）『第 6 回学習指導基本調査（小学校・中学校版）』

う。学校を離れての休憩などできはしない。15～16 時台の時間帯に 45 分の休憩時間を設定している学校は多いが，その存在すら知らない教員も多い。退勤は 19 時を大きく回っている。

「夕食を家族で一緒にとるか」という質問に対しても，民間企業労働者では「必ず毎日とる」「だいたい毎日とる」を合わせると 52.2％，これに対して小学校教諭では 39.2％，中学校教諭では 33.4％であった。睡眠時間はおよそ 6 時間であり，これも他職に比べ 2 時間ほど短い[4]。長時間労働は健康を支える生理的時間を奪い，人間らしい暮らしをする社会的文化的時間にまで浸食している。

2　教員の仕事の特徴

前述の 2 人の仕事は細々とした仕事で構成されている。授業，授業準備，生徒指導，部活指導に加え，採点，ノートチェック，校務分掌やその会議，教育委員会等からの調査・報告，保護者との対応，地域の行事などを同時並行でこなしている。

（1）周辺的職務

書類仕事も多い。年度初めには，年間指導計画，学級経営案といった計画や各種分掌の計画，生徒名簿，緊急連絡網などがある。日常的には月案，週案，各種集金にまつわる記録・会計報告・未払い児童・生徒への督促などがある。

そういった周辺的職務のうち，負担であり，やりがいを感じていないと答えた項目は「国や教育委員会からの調査やアンケート」「研修会や教育研究の事

表4.2 周辺的職務の負担感の強いもの

■従事率が50%以上で負担感の強いもの	負担	負担だがやりがいがある
国や教育委員会からの調査やアンケートへの対応	81.8	5.6
保護者・地域からの要望・苦情等への対応	67.1	18.5
研修会や教育研究の事前レポートや報告書の作成	66	19.1
成績一覧表・通知表の作成,指導要領の作成	59.4	23.7
PTA活動に関する業務	55.3	19.6
月末の統計処理(出席簿)や教育委員会への報告文書(いじめ・不登校・月例報告等)の作成	52.6	14.5
児童・生徒の問題行動への対応	51.1	32.9
■従事率が50%以上で「負担だがやりがいがある」という率の高いもの		
教材研究,教材作成,授業の準備	19.8	60.1
児童・生徒,保護者との教育相談	28.9	45.8
学年・学級通信の作成,掲示物等の作成・掲示	30.1	45.7
学校行事の事前準備,当日の運営,後片付け	28.1	42.4
特別な支援が必要となる児童生徒への対応	32.9	41.3
学校行事の年間計画の策定,各種行事の企画	28.4	40.7

出所:全国公立小中学校事務職員研究会(2015)「学校と教職員の業務実態の把握に関する調査研究」

前レポートや報告書」「統計処理や教育委員会への報告文書」といった調査・報告に関するものと「保護者・地域からの要望・苦情等への対応」「PTA活動に関する業務」といった子どもの周縁の人々との対応になっている。

いっぽう,「負担ではあるがやりがいがある」という項目は教材研究,教材作成,授業の準備,教育相談,学年・学級通信,学校行事にかかわるもの,特別な支援が必要となる児童・生徒への対応など,直接子どもにかかわる項目ばかりである[5]。

TALISでも日本の教員の一般事務にたずさわる時間は長く,それが本来の職務を圧迫していると指摘されている。こうした「やりがいのない忙しさ」は本来,教員が自己の裁量でできる項目や時間を奪い去っているのである。

（2）部活指導の時間

　小学校教員の杉山先生と中学校教員の秋田先生の大きなちがいは部活指導の有無だ。部活は「日本特有の文化」で，海外では地域スポーツが中心で，学校に部活があっても教員が熱心に指導する国は少数である。TALISの国際比較において，部活指導時間は平均値2.1時間に対し，7.7時間と圧倒的に長い。

　秋田先生も朝練のために7時には出勤し，6時半の部活終了までつきあっている。そもそも部活動は学習指導要領の教育課程の外にある。指導要領では，「生徒の自主的，自発的な参加により行われる」と自主的活動であると定義づけられ，そのうえで「学校教育の一環」とされている。しかし，全国的には7割以上の中学生と5割以上の高校生が運動部の部活動に参加しており，運動部に限らず，何らかの部に全員が参加することとしている中学校も多い[6]。

　同調査によれば，週当たりの活動日数は6日ないしは，7日（両方合わせると，中学校63.8%，高等学校74.1%）で，平日の一日の練習は2〜3時間が多く，放課後の15時半から18時，18時半までである。

　ブラック部活とさえ呼ばれ，100日連続の勤務，年間に休みが7日といった教員もいる。だが，部活指導に対する手当は休日のみ。4時間以上で一日一律3600円（東京都）である。基本的に顧問は希望制なのだが，断れない雰囲気が職場にはあり，若い男の先生は運動部の顧問を任されることが多い。担当する部活動の競技に「経験なし」という割合は中学校で52.1%，高等学校が45.0%と高く，自身の指導力不足をあげる教員は中学校で42.9%，高等学校が39.7%となっている[7]。

　部活への思いは，生徒も先生もいろいろだ。楽しくやることを目的にしている生徒や勝負にこだわり上位をめざしたい生徒，積極的に部活にのめりこむ先生や消極的な先生など，それらを飲み込みながら部活は肥大している。その結果，教員の過酷な労働状況や一部では生徒の死亡事故や体罰が生まれているのである。

（3） 感情労働という心理的長時間労働

　物理的な時間の多忙と同時に，教員には心理的な意味での長時間労働がのしかかる。教員の仕事は授業や生徒指導の際に，子どもたちの心理状況を看取り，学習に向かわせ，ときに人間関係を調整するといった対人労働である。瞬間，瞬間に重要な判断を下さなくてはならず，緊張を強いられる。

　前述の杉山先生の3時間目に，忠くんはかんしゃくを起こし，ドリルを破って教室を出ていった。子どもの激しい怒りにふれたとき，それに巻き込まれ怒鳴ったり，あるいは恐怖を覚え，何もできず，無力さにさいなまれることがある。教師の仕事は，子どもの感情を扱うと同時に自身の感情の抑制や緊張を強いられる感情労働である。感情労働は労働が終了したあとも達成感や充足感などが得られず，精神的な負担・重圧・ストレスを負うという特徴をもつ。

　感情を抑え，冷静に対処したとしても報われるとはかぎらない。忠くんの保護者のそっけない電話は，杉山先生の心にささる。自分に何か落ち度があったのかと自責の念にかられてしまう。秋田先生は，授業の準備の不十分，部活指導の未熟，生徒指導に切り込めないと未達成感を常にかかえ悶々と思い悩むのである。

　教師の仕事の責任は「どこにもやり場のない」ものであり，①子どもが悪い，社会が悪い，家庭が悪いと批判を外に向けてもその批判はブーメランのように自分に返ってくる（「再帰性」），②ある教室で有効だった方法が別の教室で有効であるとはかぎらず，教育実践の評価もある立場からは完璧とされ，別の立場からは否定される（「不確実性」），③物理的な時間での残業が終わっても，心理的な残業は終わらない。やってもやっても切りがない（「無境界性」）のである（佐藤　1997，詳しくは第2章 3 参照）。

（4） バーンアウト

　長時間で過密，その成果が見えづらい労働状況は当然，健康被害や精神的なダメージを生む。バーンアウトと呼ばれる「燃え尽き」状態の教員も多い。バーンアウトとは，仕事のうえで日々過大な情緒的資源を要求された結果生じ

る情緒的消耗感をさす。病気休職者は1990年後半から漸増を続け，5000名の高止まりを続けている。

　ギリギリの状態は，たとえば，体調，家族の介護，生徒指導の困難などの要因でバランスが崩れると，バーンアウトを招きかねない。落合貴美子は中学校でスクールカウンセラーとして働きながら，そこでのエスノグラフィー研究を行い「現在生じている教師の疲弊は，パーソナリティや個人的課題，あるいは個々の職場環境という個別の次元を越えた，大きな社会的・歴史的な流れの中で生じたものである」（落合　2009)[8]という。「マクロ的・制度的変化に伴う軋み」が，多忙化を生み，その結果，教師の「孤立化」と「主体性の喪失」が教師疲弊を生んだというのだ。その構造をみていこう。

（5）何が多忙を生んでいるのか
　学校は，さまざまなことをかかえ込んで肥大化している。学校への期待は膨らみつづけている。教育課程そのものに総合学習，道徳の教科化，小学校での外国語教育などその時間数が増大している。

　それだけではない。「食育」「IT教育」「防災教育」「オリンピック教育」といった多様な教育がさまざまな省庁，公共団体，民間から学校に求められる[9]。さらに，地域のさまざまな行事・活動など，学校外のことも学校にもち込まれてくる。部活動も，本来は社会教育の領域を学校が肩代わりしているとみることもできる。

　外形的な付け足しに加え，家庭の養育機能の低下を感じる教員は多い。これまでの指導が子どもに通じないとベテラン教員が自信を失うこともある。児童虐待による子どものケア，格差社会における子どもの貧困とそれがもたらす問題など，困難が大きくなっている。それも多忙化に拍車をかける。

　こういった教員の多忙は，国の貧弱な教育・福祉政策によるものに他ならない。国際比較をみてみると，教員の長時間労働に加え，学級規模は初等，中等教育段階でOECD加盟国中で最下位レベル。国内総生産（GDP）に占める教育機関への公的支出の割合は33カ国中32位である。貧弱な教育行政がこれら

の重要な一因だ。十分な条件整備こそが今求められていることなのだ。

（6）給特法体制とそれに拍車をかけたNPM

教員をめぐる法制度は第7章で詳しく述べられるが，教員の給与は「教職調整額」として給与月額の4％が支給され，その代わり，いわゆる「超勤四項目」以外は「時間外勤務手当及び休日勤務手当は，支給」されない。「公立の義務教育諸学校等の教育職員の給与等に関する特別措置法」（給特法）といわれる独自の給与体系がある。そのため，時間外，休日にいくら働いても，自主的な労働とみなされ，超勤手当は出ない。この体制の下，教員の勤務実態の管理はおろそかにされてきた。誰が，何の仕事で，どれぐらいの時間働いているかの把握もされないまま，仕事のリストだけが増えていったのである。

さらに1990年代後半からの民間経営的手法を公共部門に応用するニュー・パブリック・マネジメント（NPM）型改革がそれに拍車をかけた。NPMの基本コンセプトは，①定量的な目標設定・成果主義に基づく経営，②競争原理の導入による効率化，③顧客主義，④現場主義の4点である。

このなかで，民間校長の登用，教員評価制度，職員会議が補助機関であるとの明示などの一連の政策と顧客主義に基づくアカウンタビリティといった概念，目標設定・成果主義としてのPDCAサイクルといった手法などが強調された。

アカウンタビリティは説明責任と訳される。定量的な目標を設定し，その成果を測ることが強調される。さまざまな実施状況の報告，定量的な計測・記録はこれにより加速された。PDCAとは，「計画（Plan）－実行（Do）－評価（Check）－改善（Action）」の頭文字をとったもので生産管理業務改善のための手法の1つである。文書による管理，アンケート，調査，学力テストといった"CHECK"にかかわる仕事が肥大し，生徒・児童の直接の発達よりも生産管理労働的な仕事が増えているのである。PDCAの「P」も「C」の尺度も教員自身が決めることはできない。プランの根本をなす，目的と尺度が他律的に与えられるだけであれば，それは自律的な経営マネージメントではなく，教員自身と生徒の「進捗」を「自己」管理させられているのにすぎない。

（7）防衛的対応という消耗戦

　学校と子ども・保護者がともに教育をつくっていくパートナーではなく，「教育サービスの提供機関」と「サービスの受け手」という関係に変えられていくと，受け手は「教育サービス」へのオーダーとクレームをつける側になる。1990年代後半からマスコミからの教員バッシングが増えてきた。学校では，クレーム対応のために小さなケガやトラブルも記録し，先回りして保護者に連絡し，トラブルが発生しないように活動を自粛していくといった「防衛的対応」が行われている。

　学校の肥大化にせよ，NPM型の学校経営にせよ，これらは職場や実践の必要からボトムアップで出てきたものではない。教員のあずかり知らぬところで決められ，職場に降りてくる。職員会議が校長の補助機関とされ，十分な論議がなくなったと感じる教員は多い。東京都に至っては職員会議での挙手，採決も禁ずるという通達が出ている。教員の「やりがいのない忙しさ」にかかわる仕事はこれらによってもたらされたのだ。自分たちの決めたものでもない忙しさにふりまわされているのである。

（8）やりがいの搾取

　本田由紀は，現代社会の労働の特徴を「非認知的で非標準的な，感情操作能力とでも呼ぶべきもの（いわゆる「人間力」）が，個人の評価や地位配分の基準として重要化した社会状態」であるとし，それをハイパー・メリトクラシーと呼ぶ（本田　2011）[10]。そういった社会において，「個人は人格や感情のすべてを他者にさらし，適応に没入することになる場合が多くなる」ため，「仕事にやりがいをもって打ち込むこと」が美徳とされ，「見合った処遇をともなわないままに，際限なく『働きすぎ』る状態が生まれる」と指摘し，それを「やりがいの搾取」と名付けた。

　教員もまた，顧客に向かう「奉仕性」をもつ「ヒューマンサービス職」であり，「顧客への最大限の奉仕という気高い動機自体が，『働きすぎ』」を生みやすい職業の1つだ。歴史的にも教員は「献身的教員像」（久冨　2017）[11]を，周

りから期待され，教職員集団のなかでも，自己の教職アイデンティティとしても保持してきた。「時間におしみなく働く熱心な先生」という評価を自己内面化しやすいのである。

それが多忙を生み，その努力が空回りしたと感じたときに，「どれだけがんばっても報われない」「批判ばかり受ける」「善意でやったことが悪く評価される」と，精神的な疲弊は一気に加速する。実践上のつまずきで帰責の念にかられ，同僚や保護者の心ない一言でいっきに燃え尽き，自らを責めるのである。

3 仕事のなかで成長する，仕事そのものを変える

こんな状態にもかかわらず，教員のモチベーションは高い。教職の公共的使命や子どもたちの成長が教員のやりがいを支えているのだ。ベネッセの2010調査[12]をみてみると，80％近い教員が「教員生活への総合的な満足」を示している。多くの教員は，経済的，労働条件，社会的地位といったものではなく，「子どもと喜怒哀楽をともにできる」「子どもとともに成長できる」「社会を支える人を育てることができる」「将来にわたって子どもの成長にかかわれる」といった「子どもの成長発達とその援助」という教職そのものに魅力を感じているのである。教員文化研究会（久冨　2017）[13]が行った国際比較調査でも，日本の教員は「教師としての仕事にやりがい，いきがいを感じる」「自分には教師という職業があっている」という教職アイデンティティは高い。ブラックともいわれる部活指導だが，そこにやりがいをもっている先生も多い。秋田先生に部活の様子を聞いてみよう。

（1）秋田先生の部活

> 正直，時間的にも体力的にも大変だけど，「部活」はおもしろいです。課程外だから，指導要領もない。自分なりの工夫の余地があるところが魅力ですね。教育課程外なのに，毎日あってどの教科よりも毎日顔を合わせるから，生徒との関係も濃くなりますしね。部活に集まってくる子たちも

> さまざまで，「強くなりたい」「うまくなりたい」という子もいれば，「友だちづくりのため」という子もいていろいろです。学年もいろいろ。新入部員が入った今は，どんなクラブにしたいかを全員で話し合ってます。ここに徹底的に時間をかけたいと今年は考えました。クラブは子どもたちが自分たちで決めていけるような自主的な活動になることが大事ですから。今はジッとがまんして見守っています。前任者や保護者からのプレッシャーもあって，「成績残さなきゃ」と思うこともあるけど，部活の本来の目的から外れないように，のめりこみすぎないように，自分の仕事全体のバランスを崩さないようにと自分に言い聞かせながらやってます。

　「やりがい」そのものが悪いわけではない。佐藤学は，「大半の教師が悩み苦闘しながらも教職生活をまっとうするのは，この職業がなにかしら人々の幸福に貢献する仕事であり，個人としての利害を超えて，社会と文化の建設に参加できる仕事だからである」と教職の「公共的使命」が教員アイデンティティの根底にあることを指摘している（佐藤　1997)[14]。

　秋田先生は部活のやりがいを生徒とのふれあい，そして，生徒と生徒集団の人間的な成長においている。そして，そこには自律的なカリキュラム編成や自主的な研究がある。ときに「のめりこみすぎる」自分をいさめながら部活指導を行っているのである。

（2）杉山先生の振り返り―省察＝リフレクションで成長する

　杉山先生は，振り返りを毎日書く。前述の **1** （1）の一日のようなことがあると忠くんへの記述が主になるが，なるべく，特定の子どもに偏らず，クラス全員が埋まるように数名ずつ，ほんの一言でもいいから気づいたことを書いている。

> 朝，石拾い。運動会前の集まったり，並んだりということが忠は苦手。社会の答案の文章欄，三時間目の算数ドリル，苦手が重なってしまった。

副校長に聞いてみると，となりの子が「こんな簡単な問題，まちがうやつ いないよな」と言っていて，馬鹿にされたように感じたと言ったという。 忠はできない自分にムカつき，できないという不安が高まったときに，パ ニックに陥ってしまう。忠の肩があがり緊張していたことを見逃していた。
　ドリルを破ってしまったが，それでも落ち着くことが去年に比べれば早 くなった。私も去年はその場ですぐに叱責して，いっそう彼を興奮させて いた。副校長は「人にあたらなかったところはえらい！」とすぐにほめ， 「おまえが怒るには何かわけがあるにちがいない」となだめてくれた。職 場全体でのアンガーマネージメントの研修が役に立ったと思う。
　忠のお母さんは防衛的な態度が強い。色々と他の保護者から言われてき たために，つい学校の責任にしたがってしまう。弁護士をしている父は， 彼を三歳のころから幼児塾に通わせていた。そこで，彼はうまく行かず， 「お母さんのおなかにもどりたい」と言ったことがあるのだという。今日 は忙しく，答案だけを返してしまった。社会にせよ，ドリルにせよ，その 意味や価値をていねいに話さなかった。他の子も点数ばかりを書いている 日記が多かった。テストやドリルなどより，安心して学習できる場を作ら なくては。

　教員は，起こった事態に瞬時に即興的に対応していかなくてはいけない。杉 山先生は忠くんがキレたとき，クラス全体は自分がみて，彼の対処を副校長先 生に託すという判断をした。実践家は常に行為をしながら判断をしなくてはい けない。判断は，子どもの様子，学校の組織，これまでの経験，教育学や心理 学の知見…，さまざまなものを背景に行う自己投企ともいえる。こういった判 断はどうやって鍛えていけばいいのだろう。忠くんのような子はキレる理由が チェーンのようにつらなっている。杉山先生は，省察のなかで朝からの流れを 彼自身の行動や感情の動きを丁寧にたどり，彼の行為の背景に何があるかと振 り返っている。また，副校長が「ギリギリの選択」と彼を認め，その「生きづ らさ」に共感してくれたことに学んでいる。自分の指導に対しては，そういっ

た子どもたちがいることを前提にした「価値のインストラクション」が欠けていたと省みているのである。こういった振り返りが教師を育てる。

（3）子どもを丸ごと捉える

　日本の教育実践は「子どもを生活主体として丸ごと捉える」という子ども把握の方法論をもってきた。「丸ごと捉える」とは，子どもを学力や教育学的，心理学的，医学的に分析的に切りきざんで捉えることではない。生活をかかえ，この時代の課題をかかえたものとして，時代の変革主体として育てていくという課題意識をもって子どもをつかむということである。

　杉山先生は，忠くんの発達特性，生育歴，その日の出来事，ほかの子どもとのかかわり，身体反応など，じつに多面的に捉えようとしている。と同時に，忠くんの怒りを自分のできなさへの不安と自己肯定の低さという内面の問題として読み解き，人ではなく，ドリルにあたるという，一見すると否定的な行為のなかに「クラスの友だちとうまくやっていきたい」という彼の成長への願いがこめられていると捉えている。忠くんのなかの矛盾は彼自身を変革していく原動力ともなるのだ。また，この矛盾はその親が直面している課題，つまり，幼児期から学力競争のなかに子どもを投げ込むという現代社会の矛盾としてとらえている。「子どもを丸ごと捉える」とは，多面的に，その内的な矛盾こそが発達の鍵であると捉え，その矛盾は社会の矛盾を反映したものだと捉えることだ。

　佐藤は，「再帰性」「不確実性」「無境界性」は潜在的な可能性をもっていることも指摘している。「不確実性」は「教育実践の文脈依存性と価値の多元性と理論の複合性を表現するものにほかならない」とし，「教職の創造的性格と探究的性格を表現するものだ」という。そして，「再帰性」が「教師の成長における反省的性格を付与している」（佐藤　1997）[16]と述べている。

　振り返りでは，経験的に学んだこと（去年の叱責の失敗），理論的に学んだこと（アンガーマネージメントの研修）などが実践に活かされていることがわかる。教師は行為のなかで，自己の思考のみでなく，感情，望み，経験，体験，価値

といったものの総体によって判断をしている[17]。授業であれ，生徒指導であれ，こういった自分の行為，生徒に起こった出来事を振り返りながら，本質的な気づきを探っていくことが教師の即応的な対応を変えていく。杉山先生は省察を通じ，忠くんの行動の文脈を問い，その行動を読み解く経験と理論を重ねながら，忠くんの理解を深め，その気づきから，「価値のインストラクションを丁寧に」「忠の身体的な反応に目を配る」といった選択肢を増やしている。

　第2章3でふれられたコルトハーヘンのALACTモデルはPDCAモデルに似ているようだが，PDCAがPlanとCheckに重きがおかれるのに対し，ALACTモデルは行為が出発点であり，行為と本質的な気づきこそが教育実践を深化させる鍵であると考える。両者は似て非なるものなのである。教員をめざす学生だけではなく，現場教員にもALACTモデルは有効だ。子どもの行為をていねいに読み取り，その本質をつかむサイクルを日々の省察のなかで自覚的に積み重ねたい。

（4）「無境界性」を協同に拓く，「不確実性」を協同で確かめあう
①職場のコミュニケーションが教師を救い，教師を壊す

　職場は教員にとって，教職アイデンティティを高める場所であり，確かめる場所でもある。いっぽう，同僚との関係は教員のバーンアウト原因の1つでもある。「担任責任の重さ」「初任者でも一人前」といった教師文化はストレスを生みやすく，バーンアウトの構造的基盤になっているという（落合　2009）[18]。職場でのコミュニケーションが良好であれば，ストレスは低い。

　杉山先生の学校では，副校長，スクールカウンセラーと共同し，困難をかかえる子どもを学校全体でみていく体制ができている。こういった職場であれば，「孤立感」を覚えなくてもすむ。

　教師の仕事はどこからどこまでと境界が引けないし，やってもやっても切りがなく，教職の多忙を引き起こす原因の1つである。子どもという存在そのものがさまざまな社会関係の諸連関のなかで生きている。たとえば，忠くんの問題は学力をつければ，解決するという問題ではなく，彼の発達特性，環境と

いったものが複雑に交差している。また，学校は教育と福祉の接点でもある。だから，「無境界」なのだ。それを一人の教員がかかえ込むことはもはやできない。佐藤は，「無境界性」は教師の「実践領域に総合性と統合性を保障する」という。子どもをまるごと捉え，そこに働きかけようとすると，実践は総合的にならざるをえない。その総合的な仕事は一人でかかえることはできない。学校という場所は本来，多種多様な教員と多種多様な職種が集団的に子どもに接する場所だ。教職は集合的な専門職なのである。だから，今，子どもの「無境界性」を教員の協同という方向に拓いていくことが必要なのだ。子どもを切りきざみ，あれこれの専門家に委ね，教員は「本来の仕事」にといった役割分業ではなく，子どもを協同でまるごと捉える上に立った協同性が求められている。

②行為そのものを問う

そのような専門家の協同をつくるのは，集団的な省察の質であろう。

その際に，1つは学び手としての子どもを中心として，子どもを丸ごと捉えるという子ども把握が教員とそれをとりまく教員集団の成長の鍵となる。杉山先生は副校長の忠くんへの把握から学び，また，それが一緒に学んだ学内のアンガーマネージメントの研修とつながることを省察している。同時に，テクニックとしての忠くんへの声かけを学んでいるのである。

ときに，教員は専門家として，行為そのものを問うような省察を行わなくてはいけない。たとえば，勝野正章は学力向上をめぐって，「ある指導方法が目標の達成に役に立つかどうかに強い関心を持つ傾向があるが，目標が目の前にいる子どもにとって良いものであるのかという問いはそれほど強く意識されてはいない」(勝野 2016)[19]という。部活動指導においてものめり込みすぎるあまり，長時間の練習や体罰という事件がしばしば起こる。教職は「不確実」であるからこそ，同僚，メンターといった他者とともに行為そのものが教育的なのかという省察を行う必要がある。それは，「P」＝計画の根底をなす教育目的を自分たちの手に取り戻すことでもある。

戦後教員運動の重要なスローガンは「教え子を再び戦争に送るな」であった。ときに教員は，歴史の審問に付される。自分たちの仕事が子どもをどこへ導く

のかを専門家として省みることもまた必要なのではないだろうか。

③ささやかなところからはじめよう

「際限のない仕事だから，際限なく仕事をして，身も心もすり減っていく。自分の時間や家族の時間を後回しにしてしまう」「一番自分が幸せと思える生き方ってどんな生き方だろう？」(岩瀬　2016)[20]。

岩瀬直樹はこう問い，残業や持ち帰り仕事をやめるために，ささやかな改革を行う。テストを一斉に出させるのをやめ，できた人から出し，その場で丸つけをする。まちがいは自席で直す。これは本人がすぐにまちがいがわかるという「思わぬ利点」を生む。提出の行列がうるさくなると，「クラスみんなで考えるチャンス」とみんなでルールをつくる。日記やノートもその場でチェックし，コメントは書かない。返却時に直接言葉を交わす。すると，「先生はみんなに話しかけてくれる」と子どもは喜ぶ。ささやかだが，大切な転換がここにはある。評価の質の転換だ。すぐに返され，その場で直すことは評価本来のつまずきへの気づきと学び直しを与えるものとなっている。文章ではなく，直接言葉を交わすことは，対話と励ましを生む。「時間も短くなり，コミュニケーションも深まり，まさに一石二鳥」だと岩瀬はいう。

岩瀬は子どもたちを教室のオーナーシップをもち，自立した学習者として育てる実践を展開するが，それは同時に教員独りががんばるのではなく，教室を子どもと協同でつくる自治の場に転換していくことになっているのだ。私たちは，「自己規制」を内面化し，そのことがこの「やりがいのない忙しさ」を甘受し，「やりがいの搾取」を許してはいないか，人間としての生活と健康をないがしろにしていないか。それは明日のエリートたるため夜22時をまわって帰宅の途につく塾帰りの子どもの姿と重なるようにみえる。竹内常一は「ケアするものが自分との関係において無理をし，がんばっているとき，そのケアは相手に無理を強い，『がんばる』ことを無意識に要求し，それに応じない相手にたいして憎しみをもつことになる。そうなればなるほど，ケアするものはますます自分のいたらなさを責め，自分を苛むことになる」と説き，「自己の自由と不自由に敏感でないもの，それに応答することができないものに，他者の

自由と不自由に敏感であることができるわけがない」（竹内　2016）[21]と述べている。まずは，教師自身の暮らし方，生き方を見つめ直さなくてはならない。

（5）教員の日々のゆくえ

アメリカのチャータースクール（公設民営型の学校）のなかには，生徒はグループ学習のほかに，毎日2時間コンピュータに向かい，プログラムされた「個別指導」を受けている学校があるという。そこの教員はたった5週間の研修で非正規教員免許を得，130人の子どもをモニターしているという（鈴木　2016）[22]。学校とは果たして個々の子どもが個別の能力を育てるだけのところなのだろうか。

いっぽう，日本では「スタンダード化」「ゼロ・トレランス」といった授業や生徒指導の定型化が進んでいる。教職はスタンダード化され，判断をせずに，マニュアルによって実践を進めるようになるべきなのだろうか。多忙化の解消はコンピュータや一律管理によって解消すべきなのだろうか。

そうではあるまい。教員は「子どもの権利条約」に定められた子どもにとっての最善の利益を実現していく最も身近な専門職である。子どもたちが，ときに過ちを犯しながらも，仲間とともに成長し，未来の成熟した市民に育てていくことが教育の責務ではないだろうか。そこにこそ手間暇をかける必要があるのだ。

深い学びのための課題
1. 「再帰性」「不確実性」「無境界性」をどう考えるか，話し合ってみよう。
2. 教育実践記録を読み，教師が子どもをどう捉えているか，話し合ってみよう。

注
1）国立教育政策研究所編（2014）『OECD国際教員指導環境調査（TALIS）2013年調査結果報告書』明石書店。日本では中学校教員に対する調査。
2）杉山先生と秋田先生は各種の調査や聞き取りから描き出した架空の人物である。

3）ベネッセ総合教育研究所（2016）『第 6 回学習指導基本調査（小学校・中学校版）』http://berd.benesse.jp/shotouchutou/research/detail1.php?id=5080。
4）連合総合生活開発研究所（2016）「日本における教職員の働き方・労働時間の実態に関する調査研究報告書」。
5）全国公立小中学校事務職員研究会（2015）「学校と教職員の業務実態の把握に関する調査研究（文科省委託研究）」より。同調査は授業や生徒指導といった直接の教育活動を除いた教員の業務71 項目を対象としている。ここでは，一般教諭の半数以上が従事していると答えたもの 36 項目を抜粋した。
6）文部科学省（2001）「運動部活動の実態に関する調査研究」http://www.mext.go.jp/b_menu/shingi/chukyo/chukyo5/009/gijiroku/__icsFiles/afieldfile/2011/09/14/1310757_04.pdf　より。
7）日本体育協会（2014）「学校運動部活動指導者の実態に関する調査報告書」。
8）落合美貴子（2009）『バーンアウトのエスノグラフィー』ミネルヴァ書房，114 頁。
9）たとえば，東京都はこのような教育を「学校必修」と「学校選択」に分け，学習指導要領と関連づけて学習させることとしている。東京都教職員研修センター（2015）「第 1 章　学校教育における多様な教育課題に対応するための基本的な考え方」『多様な教育課題に対応したカリキュラムモデル』。
10）本田由紀（2011）『軋む社会』河出書房新社，56 頁。初出は 2008 年の双風舎版。
11）久冨善之（2017）『日本の教師，その 12 章』新日本出版社，119 頁。
12）ベネッセ総合教育研究所（2010）『第 5 回学習指導基本調査（小学校・中学校版）』http://berd.benesse.jp/shotouchutou/research/detail1.php?id=3243。
13）久冨前掲，159 頁。
14）佐藤（1997）『教師というアポリア』世織書房，100 頁。
16）佐藤前掲，102 頁。
17）これらの総体を「ゲシュタルト」とコルトハーヘンは呼ぶ。F・コルトハーヘン（2010）『教師教育学』学文社，51 頁。
18）落合前掲，106 頁。
19）勝野正章（2016）「教師の職務の公共性と専門家としての責任」『学びの専門家としての教師』岩波書店，230 頁。
20）岩瀬直樹（2016）『成果を上げて 5 時に帰る教師の仕事術』学陽書房，109 頁。
21）竹内常一（2016）『新・生活指導の理論』高文研，112 頁。
22）鈴木大裕（2016）『崩壊するアメリカの公教育』岩波書店，26 頁。

引用・参考文献
岩瀬直樹（2010）『最高のクラスのつくり方』小学館
岩瀬直樹・中川綾（2015）『みんなのきょうしつ』学事出版
制野俊弘（2016）『命と向きあう教室』ポプラ社
竹内常一（2003）『おとなが子どもと出会うとき，子どもが世界を立ちあげるとき』桜井書店
中野譲（2017）『地域を生きる子どもと教師』高文研

第 5 章

子どもの学びと育ちを支える人々との連携

1 今はどんな時代なのか──「チーム学校」の時代

（1）学校が直面している課題

　今日，学校は教員にとってどのような職場になっているだろうか。2015年12月に中央教育審議会（以下，中教審）が出した「チームとしての学校の在り方と今後の改善方策について（答申）」（以下，チーム学校答申）では，3つの背景から学校が「チーム」となることの必要性を論じている。

①「新しい時代に求められる資質・能力」を育成する授業内容や授業方法への革新

　第一に，新たな学力観・授業観への挑戦が求められていることである。2017年3月に小・中学校の，2018年3月に高等学校の新学習指導要領が告示された。その検討過程では，「新しい時代に求められる資質・能力」について，コンテンツからコンピテンシーへの重点の移行，アクティブ・ラーニング，社会に開かれた教育課程などがキーワードとされ，学習内容の定着や学力としての点数の出力以上に，学習した内容を活用して考え，行動する力をつけていくための指導のあり方が議論されてきた。

　従来の，コンテンツ（学習内容）を効率よく習得するように教え，それが再現できればテストの得点が上がり，得点が上がれば成果が出ていると評価されてきた教育観，学力観を組み替えていかなければならない。習得した知識でどのように考えられるか，何をできるかが求められる。教員の役割は，その考え方や行動のしかたを教えるのではなく引き出すことであると捉え直さなければならない。つまり，新たな学力観に基づく新たな授業，新たな評価へとチャレンジすることを求められているのである。このような価値の転換は，学校が組

織単位で腰を据えて正対しなければならない学校文化全体のチャレンジである。個々の教員が主体的に考え，組織が全体で考え，周辺地域や保護者も含めて全体で変わっていくことが必要になっている。

②児童・生徒指導に関する課題の多様化・複雑化

第二に，子どもの生活や価値観の多様化を背景とする，生徒指導問題の複雑化である。家庭から学校にもち込まれる問題は，学力問題だけではなくなっている。たとえば，低学力やいじめ，不登校といった問題の背景に，発達障害や子どもの貧困・虐待，SOGI[1]や外国にルーツをもつ子どもたちのアイデンティティ形成など，多様な要因が複雑に絡まり合う状況が現出してきている（図5.1・図5.2参照）。

教員は，教室にいる複数の児童・生徒がそれぞれに多様な家庭事情や個人的な発達上の特性をもちながら，誰もが差別されることなく学校で皆同じように安心して学習に取り組めるように条件を整えなければならない。この，学習以前の条件整備が重要かつ不可欠になってきているとするならば，おおよそ，教員のみで対応することが困難になってきていることは想像にかたくない。

③日本の教員の長時間勤務，業務多忙化

第三に，昨今の各種実態調査からは，教員の多忙化や学校の勤務環境改善なども深刻な問題であることが明らかになってきている[2]。OECDの国際教員指導環境調査（TALIS）では，日本の教員が他国以上に高い研修ニーズを有し

図5.1　学校にある多様な子どもの問題

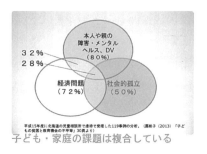
図5.2　子どもの問題の複雑化

出所：図5.1，図5.2とも「中教審チーム学校部会資料」（横井　2015）

ているにもかかわらず，時間やスケジュールが合わないために研修を受けられないと感じていることが示された。また，学習指導面で，長期間かけて解決する課題やグループで取り組む課題はあまり導入されておらず，ICT活用も十分ではないと考えられる傾向にあった。生徒の主体的学習を促すことに対しても，全体的に自己効力感が低い結果となった（OECD／国立教育政策研究所 2014）。こうした調査結果から，勤務環境改善への関心が高まっている。

さらに，教員の大量退職，大量採用に伴う学校教育の質保証も切実な課題となっている。地域差・時間差はあるが，多くの地域で"団塊の世代"の大量退職に伴って経験の浅い若い教員が急増している。個々の学校での教員の年齢構成不均衡が，ベテランから若手への指導スキルの伝承の障害となったり，世代間ギャップが教員集団のコミュニケーションを阻害したりする状況も懸念されており，こうした側面からも教員のメンタルヘルスを支援する方策のシステム化が喫緊の課題とされている。

これらの課題をまとめると，今日の学校では，ベテラン教員の減少と若手教員の増加のなかで，多様な子どもの個別課題にも応じながら，新たな学力観や授業観へ向けてこれまでの授業の仕方や指導のあり方を組み替えていくような教員の学びが求められる状況となっているのである。

（2）「チーム学校」論が描く新しい学校の姿

こうした課題があるなかで，多様な専門的職員を増やし，学校サポーターを積極的に活用して職務を分担してもらうことが，教員の負担を軽減し，研修・研究のための時間的余裕を生み出すことにつながると考えられている。こうしたチーム学校必要論は，今よりも多様な人々と連携して仕事を分担し，教員がもっと"本来の仕事"に専念できる環境を保障すべきという論旨で拡大浸透しつつある。

2015年12月に中教審が同時に出した3つの答申（「チーム学校答申」「これからの学校教育を担う教員の資質能力の向上について（答申）」「新しい時代の教育や地方創生の実現に向けた学校と地域の連携・協働の在り方と今後の推進方策につい

て（答申）」は，それぞれの諮問内容に応答しながら，3つの答申全体で今後の学校や教員の専門性のあり方を描き出している。それは，要約すればおおよそ次のような学校や教員のあり方である。

> ① 多職種構成を基本とし，多様な専門的能力をもつ人々と連携・協働して課題を克服する，組織として機能する学校（チーム学校）
> ② 多様な立場から学校教育に関心をもつ人々に対して，より柔軟に学校を開き，地域社会や保護者と連帯して教育活動を展開する学校（地域とともにある学校）
> ③ 今まで以上に「学力」をつけることを主軸とした教育の専門家であることを期待され，これに応じるために自ら学び続ける教員（一体的養成・研修）

③で意識されている「学力」とは，2017・2018年版学習指導要領でめざされている新しい時代に求められる資質・能力を伴った学力のことである。このように，今日のチーム学校改革論議には，新たな時代の「学力」を子どもたちに育てられる教員の確保，そのための学校の勤務条件改善という筋道と，社会変化のなかで複雑化・困難化する多様な子どもの育ちと学びの支援をする場としての学校のあり方の確立という筋道が重なって取り込まれているとみることができる[3]。

では，こうした二重の思惑をもつ今後の学校で，教員はどのような働き方をすることになるだろうか。このことを考える前に，まず次節で「チーム学校」の具体化として進行しつつある変化を理解しておきたい。

2 「チーム学校」の具体化

（1）多様な専門的能力をもつ人々との連携

今日の学校では，子どもたちの育ちや学びを支援するためにどのような人々がかかわっているだろうか。教員以外の職員には，学校事務職員，学校用務員，学校医，学校歯科医など，以前から学校教育法などに定められている職員のほかにも，多様な肩書き，雇用形態，勤務形態の専門的職種がある。いくつか主立ったものを概観してみよう。

①スクールカウンセラー(SC)

　SCは，1995年から文部省の活用調査研究委託事業が開始され，以後段階的に活用事業での国庫補助率を下げながらも，全国的に配置が進められてきた。アメリカのSCをモデルとして，日本でも「児童生徒の臨床心理に関して高度に専門的な知識及び経験を有する」者（臨床心理士など）が学校に配置されている[4]。活用事業の導入当初は教員とSC間の見解の相違や，児童・生徒への対応方針のズレなど，教員とSCの連携・協働に関する課題も指摘され，協働性を高める工夫に関する研究も散見されたが（たとえば，青木　2004など），今日では，いじめや不登校，暴力などの問題行動にかかわる相談や，災害などの緊急時に心のケアを主担当するなど，教員とは異なる立場から児童・生徒にカウンセリングを行う職として位置づいている。

　発達の途上にあってさまざまな要因から不安定な精神状態に陥りやすい子どもたちの心のケアなど，心理専門職の有用性は学校に定着浸透しつつある。しかし，現状では心理専門職を各学校に1人ずつ配置するだけの財政的，人的条件が整わず，拠点校配置，巡回型といった弾力的運用をする自治体も少なくない。文部科学省（以下，文科省）では，いじめや児童虐待問題への対策を強化する観点から，2018（平成30）年度のSC等活用事業予算要求額を約48億円と計上し，SC配置校数2万7500校へと教育相談体制の充実をめざしている。

②スクールソーシャルワーカー(SSW)

　いっぽうSSWは，2008年度から活用調査研究委託事業が開始され，2009年度以降活用推進事業の補助によって各地に配置が進められている。2013年に制定された子どもの貧困対策の推進に関する法律を契機として，大幅な国家予算が投入されているが，2017年時点の配置人数は全国で5047人であり，まだまだ十分な配置数とはいえない状況にある[5]。

　SSWは，「児童生徒の最善の利益を保障するため，ソーシャルワークの価値・知識・技術を基盤とする福祉の専門性を有する者として，学校等においてソーシャルワークを行う専門職」である[6]。SCが，その専門的な立場から保護者や教員に対しても助言や援助，コンサルテーションを行うのに対して，

SSWは家庭や地域も含めて子どもが育つための環境全般を見わたし，保護者や教職員と，児童相談所や福祉事務所等の関係諸機関との間をつないでいく連携・調整を行うという点でその専門性を異にしている。先にあげた図5.1や図5.2に示されたように，今日の子どもの育ちや学びの問題が複雑化・多様化していることから，多くの関係者間で連絡調整を行い，支援方針を確認しながらかかわっていくことの重要性がいっそう高まってきており，そうした連絡調整に関する専門性を発揮できるSSWの配置拡大は喫緊の課題である。

　現状でも，SSWのコーディネート力やコミュニケーション力を含む専門的能力や学校教職員との責任や役割の棲み分け，協働の仕方など，多くの課題が指摘されている（山野　2009）。とはいえ，今後の学校現場ではSSWとの連携・協働事案は増加すると見込まれるため，教員がこのような異なる専門性を有する職種を含むチーム組織で仕事をすることは例外的なことではなくなると考えなければならない。

　③部活動指導員

　部活動では，従来専門的な実技指導を受ける機会の拡大などを目的として，運動部を中心に「外部指導者」の活用が進められてきた。スポーツ庁の2015年度の調査結果では，運動部活動で外部指導者を活用している中学校は約74％であり[7]，公益財団法人日本中学校体育連盟（中体連）の2017年度加盟校調査では，外部指導者総数が3万172人となっている。

　チーム学校答申を受けて，これら外部指導者の役割の明確化とより柔軟な活用を意図した法的整備が進められ，2017年3月に学校教育法施行規則の一部が改正された（4月から施行）。部活動指導員は，中学・高等学校において校長の監督を受け部活動の指導に従事するもので，その職務内容は実技指導にとどまらず，大会などへの引率や安全指導，危機管理および事故対応，会計管理，指導計画の作成，保護者との連絡など，広範囲にわたることが細かく規定された。また，指導員活用のための諸規則を作成したり，研修を実施したりすることが，学校設置者の責務とされた。

　これによって，従来の外部指導者よりも大きな権限と責任をもって部活動指

導にかかわるようになることが見込まれる。多くの教員が自ら競技経験のない部活動の顧問となり，課外活動指導に多くの時間を費やしている現状に対して，このような法制度の整備が教員の負担軽減を促進し，チーム学校の実質化へつながることが期待されている。

④ ICT支援員

他方で，今日の学校現場では，教育の情報化も重要な課題となっている。電子黒板やタブレット端末など，学習支援のためのIT機器が登場し，小学校でのプログラミング教育導入も2020年度からに迫っている。多様な機器やデジタル教材を充実させていくことは，新しい時代に求められる資質・能力を育てる主体的・対話的で深い学びを促進する重要な環境整備となる。しかし，ハード面の整備のみでは十分ではない。問題は，日本の教員がICT活用に対して少なからず感じている不安や消極性の部分である。

そこで，ICTの利活用に関するサポート体制の構築が各自治体に求められている。第2期教育振興基本計画（2013年6月閣議決定）では，地方公共団体にICT支援員の配置を促すとともに，必要な経費についての地方財政措置が講じられた。にもかかわらず，2015年時点でのICT支援員数は全国で2000人に止まっている。支援員数が拡大しない背景には，業務内容が曖昧でありその必要性がなかなか理解されないという課題がある。支援員にはIT機器に関する知識以上に，教員と協働するための時間やコミュニケーション能力が必要であることなどが指摘されている。

文科省では，こうした状況を鑑みて2015年からICT活用教育アドバイザリーボードを設置し，ICT活用教育アドバイザーを派遣する事業を展開している。また，同時に「ICTを活用した教育推進自治体応援事業」なども実施し，ICT支援員の標準的スキルを設定したり，支援員育成のモデル・プログラムを開発したりする委託研究も進められている。これらの取り組みから，ICT支援員も今後いっそう増員されることが予想される。

（2）コミュニティ・スクール，義務教育学校

　以上のような多様な人々との連携は，学校内部組織の多職種化という位相で収まるものではない。多くの場合地域全体を巻き込む変化となっている。たとえば，保護者や地域住民をメンバーとする学校運営協議会をおき，そこでの決定を学校運営方針の基盤とするコミュニティ・スクールは，2017年4月時点で全国に3398校（国内の全公立小中学校の約1割）まで拡大している。学校関係者評価の実施や体験的活動の先生役，学校支援地域本部とともに町村行事と学校をつなぐ仲介役を務めるなど，学校運営協議会の活躍の幅は広い。2015年の中教審答申では，このような学校と地域の関係について，さらに対等なパートナーシップの構築を促進する意図から，地域学校協働活動を提案し，学校支援地域本部を地域学校協働活動本部へと改めていくことを求めた。今後の学校は，地域の子育てプラットフォームになると同時に，「地域の子どもは地域が育てる」というスタンスを大切にし，地域ぐるみの子育てに寄り添う姿勢を求められよう。

　同じ流れのなかで，もう1つ拡大進行しているのが小中連携である。小・中学校間での生徒指導合同会議や，小・中学生を一緒にした縦割り交流活動などは，いわゆる中一ギャップ対策として2000年代初頭から各地でさかんに実践されている。また，コミュニティ・スクールの拡大とともに小・中学校のカリキュラムを地域単位で一本化し，地域で育てたい子ども像を共有し，あらゆる大人が子どもの学びと育ちを支えていくことを意図した小中一貫カリキュラムづくりも進んでいる。

　たとえば，図5.3のように，各学校単位を超えて子育て目標をビジョン化し，共有する試みも各地にみられる。こうした全国的な動向を背景として，公立の小中一貫校を制度化した義務教育学校も2016年度から22校が開校した。2017年度には26校が加わり，2018年度にはさらに58校が新たに開校する見込みである。

図5.3 湯沢学園「保・小・中の一貫教育グランドデザイン」
出所：湯沢学園ウェブページ https://www.town.yuzawa.lg.jp/kosodate/gakkou/yuzawagakuen.html

（3）学校内組織の改善・変化

　このように，今日では専門的な技能をもつ人ばかりでなく，子どもの教育に関心を寄せる多様な人々がさまざまなかかわり方で学校教育に参画することが当たり前になってきている。これらの変化とともに，業務改善の観点から変容しつつある学校の組織構造についても着目しておきたい。

　2015年のチーム学校答申では，まず学校が組織として機能するために校長がリーダーシップを発揮すること，とくに校長，副校長・教頭と事務職員の職務を整理し，効率的な組織マネジメントをできるようにすることを第一の方策として求めた。答申を受けて東京都が2016年6月に設置した「東京都におけるチームとしての学校の在り方検討委員会」でも，チーム学校実現のために早急に取り組むべき事項として，学校マネジメントの強化（とくに校長，副校長の業務改善）などをあげている（図5.4）。中教審のチーム学校に関する議論は，部活動指導員やSSWなど新たな専門的人材の配置拡大による学校の多職種構成化に世間の注目が集まったが，それ以上に早急に取り組むべき課題とされて

第5章　子どもの学びと育ちを支える人々との連携　　97

> ◎チーム学校の実現のために早急に取り組むべき事項
> （１）学校マネジメントの強化
> 　○校長，副校長および教員の業務の見直しと業務の明確化
> 　○副校長を支援する人材を新たに配置し，副校長が本来業務に注力できる環境整備
> （２）学校事務の共同実施の推進と学校事務職員の専門性の向上
> （３）教員と専門人材の役割分担と連携の在り方
> 　○部活動指導については，外部指導員などの活用を推進し，教員の負担を軽減
> （４）地域との連携による学校教育の充実
> 　○「コーディネーター」の育成支援や，地域との窓口となる教員などの育成

図5.4　東京都におけるチームとしての学校の在り方
出所：東京都教育委員会　2017，1頁

いたのは，校内での業務改善であり，そのための人的支援や組織改善だったのである。

業務改善のための組織改編やマネジメント改革は，じつはチーム学校論よりも古い政策課題である。文科省では，2006年の大規模な教員勤務実態調査以来，教員の長時間労働や多忙解消についてさまざまな対策を講じてきた。研究調査への協力や会議・出張の精選など，管理職による業務マネジメントとタイムマネジメントの重要性が強調され，各地で業務支援システムの開発整備が進んだ。各自治体での「多忙解消アクション・プラン」では，継続して定時帰宅やノー部活デーなどさまざまな勤務負担軽減策が検討・実施されてきた。

こうした動向のなかで，先のTALISの調査結果が公表されたわけである。学校は依然として長時間労働が当たり前の世界になっており，教員たちは多様な雑務に追われているという現状認識と，それに対して今すぐに実施可能で有効な取り組みは，多様な人々との協働による業務の分担であるという理解とが結びつくことはいたって容易であったと思われる。

学校の業務改善については，チーム学校答申に続く形で2016年6月に「学校現場における業務の適正化について」（次世代の学校指導体制にふさわしい教職員の在り方と業務改善のためのタスクフォース報告）が出されており，全国各地で事務アシスタントの配置や，学校事務委員会の組織化が検討されつつある。一例として東京都では，経営的事項をとくに重点的に検討する「経営支援部」

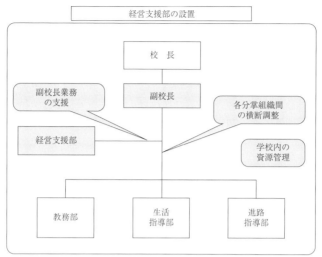

図 5.5 校務分掌図のなかでの経営支援部のイメージモデル
出所：東京都教育委員会　2012

（図 5.5 参照）の校務分掌組織への配置促進や，学校事務にかかわる支援人材の派遣拡大，学校事務の共同実施などを積極的に進めている。

3 教員は"本来の仕事"に専念できるか

（1）多様なチーム学校像

では，教員と教員以外の多様な人々との教育実践をめぐる連携・協働は，チーム学校論を契機としてどう変わりうるのであろうか。このことを考えようとするとき，まずチーム学校が標榜される文脈によってそのチームのもつ意味や期待される機能が異なり，それに応じて教員の役割も異なって見えることに注意が必要である。たとえば，仮に以下のようないくつかのケースを想定して考えてみよう。

ケース1：特定の児童・生徒に対する「問題解決チーム」

ケース1は，SCやSSWの職務明確化や定数化といった配置拡大の方針に着目して議論が展開するケースである。これらの職種との連携・協力は，学校内部の組織マネジメントの話に閉じられることは少ない。同時に児童相談所な

どの福祉関係機関や医療機関，司法機関，警察などとの連携も含めて，生徒指導問題や特別支援といった教育上の課題解決のためのチームとして考えられるのが一般的である。この場合，チーム学校として想起されているのは，チーム医療のように，多様な専門家が解決すべき課題をかかえている特定の児童・生徒を中心におき，当該児童・生徒の課題解決に対してそれぞれ対等なパートナーシップを発揮しつつかかわっていくようなチームのイメージである（紅林 2007）。

ケース2：学校支援ボランティアとの連携による「教育実践チーム」

他方，学校と地域がチームを形成して教育にあたることの重要性に着目した議論も多い。このケースは，2013年の教育再生実行本部第二次提言が打ち出した学校サポーター活用拡大（外部人材30万人）の筋道で，たくさんの協力者を取り込んだ学校をチーム学校としてイメージしている。

コミュニティ・スクールの実践事例でも，地域住民や保護者が学校の教育活動を支援する方向での学校支援ボランティアの組織化（学校応援団）というあり方は珍しくない。「お米の先生」「ヤギの先生」など，外部専門家による学習支援を依頼する連携や，伝統芸能の継承活動，職場体験学習の取り組みなどの活性化がめざされるケースである。また，部活動指導員やICT支援員，放課後学習の補助ボランティアといった多様な人材の活用も，学力向上や授業改善のためにボランティアの手を借りて教育実践にあたるものであり，このケースとして想起することができる。

ケース3：地域の教育団体等と学校が対等なパートナーシップを発揮する「地域教育活性化チーム」＝「地域学校協働活動チーム」

他方で，秋津コミュニティの事例（岸 2003）のように，学校応援団にとどまらず社会教育団体やNPOなどの自律した組織が，組織単位で学校と連携協力しようとするかかわり方もある。ケース2は，学校の教育活動に協力することがボランティアにとって自己実現の機会となるwin-winの関係でありつつも，行為のレベルでは学校の教育活動への協力という一方向の連携である。しかしケース3は組織各々に目的があり，ともにそれぞれの目的を達成する

ために自律的に活動しながら，共通する目的（子どもの教育＝地域活性化）のために連携協力するというちがいがある。地域学校協働活動が狙っている教育の形はまさにこのケースであり，子どもの教育をめぐるこうした学校と地域の新たな関係の構築も，チーム学校のあり方として意図されている。このようなケースについては，他方で2016年の社会教育法の改正により，地域学校協働活動推進に関する行政の役割が明記され，地域学校協働活動推進員の委嘱に言及されるなど，社会教育と学校教育の連携も強化されつつある。

（2）チーム学校で教員に期待される職務や専門性

では，以上のような多様なチーム学校のケースでは，それぞれ教員はどのような職務でどのような専門性の発揮を期待されるであろうか。

ケース1の場合，多様な専門職が連携・協働することによる対等なパートナーシップの発揮がめざされている。そのメタファーがチーム医療であるとすれば，そこで考えられる新たな仕事の仕方は，医師，看護師，薬剤師，ケースワーカーなどの関係のように，解決すべき問題に対して各専門からかかわれる部分を担当し，全体の仕事を分業していくようなものと捉えられる。SCが心理的な助言や援助，SSWが問題解決のための機関連携の連絡・調整を専門とするのであれば，教員の専門性は学習面での学力保障という側面に特化されていくことが考えられる。具体的には，生徒指導上の困難をかかえている子どもへの個別対応（たとえば，夜間に繁華街へ出かけていって生徒の話を聞いたり，朝自分で起きられない児童へモーニングコールをかけるなど）や，家庭に対するケア（保護者の不安を軽減するための相談相手になったり，生活上必要な行政施策の情報提供を行ったりするなど），子どもが起こした多様な問題の事後処理（割れた窓ガラスの修理を手配するなど）といったことを他者へ大幅に委ね，その時間を授業準備にあてることで，授業の質を向上させることが狙われている。

ここには，教員の仕事のうち，可能な部分を少しでも他の専門職へ手渡し，そのぶん余裕をもって学習指導に従事すべきであるとの着想が背後にある。今後この形で「チーム学校」が機能するようになれば，教員は「授業で学力をつ

ける」専門家であることがより鮮明に意識されることになろう。

　他方，ケース2は，対象とする教育活動の内容は多様だが，いずれも教育活動を質の高いものにするために，一部支援してもらうというチーム活用である。このケースでは，チーム結成の目的は教育実践の質的向上であるため，教員側がカリキュラムをマネジメントしながら必要な協力を外部人材へ求める形の連携となる。活動場面では対等なパートナーシップが発揮されていても，教員の側が連携・協働を企画し，協力者へ依頼して実施する主体性を発揮するものとなる。教員の職務は，子どもの生活経験の現状や地域課題を把握したうえで，外部資源のコーディネートを含めた連絡調整を行うことである。そこで期待されるのは，幅広い子ども理解や教育実践の構想，地域人材などとの連絡・調整に関する専門性の発揮である。

　さらにケース3の場合は，教育活動の目的が学校や教員の側のみにあるわけではなく，連携・協働する地域組織などの側にもある。たとえば，NPO団体が地域活性化のために新たな町のイベントを実行したいと思い，小・中学生からの企画参加や子ども実行委員としての実働を求めてくるような場合，教員に期待されるのは"指導力"というよりは"動員力"であろう。新たな活動へ向けた子どもへの動機づけや，子ども集団を組織し，混乱なく活動できるように統制する力の部分に教員の専門性発揮が期待されていると考えられる。

（3）「チーム」イメージのちがいに即した教員の役割変容の曖昧さ
　中教審のチーム学校作業部会は，学校をめぐる多様な課題への対応を"組織構造の転換"という観点から議論してきた。結果的に職員構成の問題として一本化して論じることで，多様な課題に対応可能な組織体制をつくっていくことの重要性が強調されている。しかし，ケースごとに検討してみれば明らかなように，この「組織構造の転換」は一元的ではない。そのため，チーム学校の実現によって教員の職務がどのように変化するかを一言で論じることは困難である。

　上述したいずれのケースも，現実に進行している連携である。しかし，この

3ケースをみるだけでも，何をチーム学校論議の射程とするかでチームの描かれ方が異なってくる。従来の教員の仕事の仕方から考えると，ケース2の連携をチームとして再構成することはそれほど困難ではないが，このチーム学校の活性化がただちに教員の多忙解消につながるようには思われない。多忙解消や授業準備の時間を保障するようにみえるのは，むしろケース1のほうである。しかし，このケースを「チーム医療」になぞらえて理解しようとしたときに，他の専門職と対等なパートナーシップを発揮する教員の職務の専門性とは何か。教員にとっての"本来の仕事"とは何か。この点をしっかりと考え，教員各人が自分なりの見解をもっておくことが重要になる。

4 新しい働き方，新しい関係の模索

(1) "本来の仕事"とは何か

そこで最後に，教員の専門性をどのように捉え直す必要があるのかを考えておきたい。チーム学校答申が教員の多忙を解消し，本来の仕事に従事する時間や環境を保障するというとき，そこではどのような仕事が想起されているのか。これについて，ケース1のような問題解決チームを考えると，教員の本来の仕事は学習指導であり，授業のエキスパートをめざすことであるようにみえる。しかし，ここで期待されている専門性を，点数化可能な学力を児童・生徒に注入する授業のエキスパートとなることであると理解してはいけない。

たとえば，保田の研究（2014）では，SCやSSWとの連携関係のなかでも「活動の中心は教師」という意識を皆が共有していることが指摘されている。教員は，医療的診断や福祉的な専門性が必要だと思われる職務は他者にまかせつつも，それ以外の雑多な職務を全般的に担っている。多様な専門職の連携・協働が進む場合，一般的には仕事の分解が生じ，重要な職務を残してほかを別の専門職へ移す分業となるのに対して，教員の場合には「たとえば教科指導を自らの職務とし，それ以外の職務を他の専門職にまわすような動きはとらない」ことが指摘されている。なぜか。現時点では，教員にとって本来の仕事である職務のなかでそれらが分解可能なものではないからである。問題をかかえ

ている子どもとかかわり，保護者とかかわり，その子どもを含むあらゆる児童・生徒との関係をつくることは，多くの教員にとってかなりの部分が本来の仕事なのである。

　教員の専門性が指導力，授業力にあることは否定しない。しかし，その授業や指導の力がどのようなものであるのかを考えたときに，多くの教員が生徒指導と学習指導を切り分けられないと考えていることに着目しなければならない。その規範意識の原点は，50年以上も前に宮坂哲文が指摘するとおりである。

> 　生活指導がひとりひとりの子どもの個人的主観的事態に即して，ひとりひとりのありのままの生活認識と生活実践とを向上深化させていくはたらきであるのにたいして，学習指導はこの学年ではこれだけのことをと期待されている客観的な教材に即して，その側から行われる教育のはたらきを意味している。そして，いうまでもなく，現実の教育は，このような生活指導と学習指導とがひとりの具体的な学習者において同時的統合的に具現されたとき，はじめて成立するものにほかならない。（中略）生活指導に対応する意味での学習指導を狭義の学習指導と呼び，狭義の学習指導と生活指導との統合の上に成り立つ学習指導を広義のあるいは真の学習指導と呼ぶべきであろう。　　　（宮坂　1958）

　本来の仕事としての学習指導は，児童・生徒へ知識を注入し，それを正しく出力できるようにする指導のことではない。児童・生徒一人ひとりに即して，彼らの生きている現実に寄り添い，それを引き上げていく働きかけとともに成立する，当事者の主体的学びを導くものである。

（2）"本来の仕事"に由来する教職の専門性と今後のチーム学校のあり方
　このように，学習指導と生徒指導が一体化しているともいえる従来の教育観の下では，ほとんどの業務が本来教員に期待される職務に含まれてしまう。切り離せるものはごくわずかしかないのが実情である。
　しかし，その一方で今日の大量退職，大量採用による教員の世代交代や，若い世代の職業や労働に対する価値意識の変容などから考えると，従来の学習指導と生活指導とが一体化した教育観そのものがすでに旧い価値観と化している

可能性も否定できない。不登校の児童・生徒に対して「自分が下手な声かけをするよりも、もっと生徒指導を専門とするスタッフに任せるべきだ」と考える教員がいてもおかしくない時代である。ただ、このような切り分けを教員自身も歓迎し、狭義の学習指導に自らの専門性を限定してもよいかどうかについては、より慎重に吟味する必要があろう。点数化される学力の向上に特化された学習指導のなかで、これからの時代を生きる子どもたちに必要な資質・能力を育成することができるだろうか。あるいは、すべての子どもが育つ環境を保障するインクルーシブな教育システムは構築できるだろうか。

　これからの時代の学校が実現すべき価値と、従来の生徒指導と学習指導を一体として人間形成をめざす教育観とは、じつは分かちがたく結びついている。これからの時代に求められる教育は、学習者が主体的に学び育つ経験の蓄積をめざすものである。教員は、こうした教育という営みの本質に立ち返って「授業」や「学習指導」を捉え直し、正しい認識をもって「学習指導のプロフェッショナル」とならなければならない。

　では、今後チーム学校を実現していくためには何が必要になるだろうか。まず何よりも、学校は外部諸機関との連携に一層積極的に取り組み、協働のノウハウを蓄積していく必要があるであろう。重要なことは、「職務の分業」ではなく「責任の分有」を進めることである。それは、教員にとって本来的な業務であっても、部分的に分断しながら複数の人間で子どもを育てていくことが大切であるという、新たな教育観を獲得することでもある。多様な専門スタッフとの協働によってめざすべきことは、教員がかかわる時間の短縮以上に、「責任の分有」を当たり前とする価値観への変容である。自分だけでなく子どもにかかわるすべての人々が子どもの学びと育ちに責任をもっているという感覚を体得する。これが当たり前になってはじめて、教員は自身の授業実践や学級経営に専心することができるようになろう。

　また、責任を分有するためには、教員が、自分が見ていない時間、かかわっていない場面が多くあることに慣れ、それを当たり前として仕事をできるようになることが必要である。生徒指導につながる業務の一部分を切り離しつつ、

ほかの専門家やサポートスタッフに担ってもらった時間の出来事と，教員が担当する教育活動の結果とが全体として新しい教育実践となっていくことが必要である。そのためには，多様な行為者によるかかわりの間をつなぐための「報告・連絡・相談」が重要になる。

チーム学校論は，このような形で慎重に旧い教育観を解体し，再構成していくことを迫っているのだと考えられる。学習指導に不可欠な生徒理解と，それに伴う生徒指導，とくに多様な困難をかかえる子どもたちへの支援について，教員がどこまでを担い，どこから先を他者に委ねるのか，今後個々の学校で具体的な事例に即して検討を重ね，共有可能な知見を蓄積していかなければならない。そのような困難な検討を避けずに進めるなかでこそ，子どもの学びと育ちを支える新しいチーム学校の姿がみえてくるのである。

深い学びのための課題

1. 学校の教育活動に関連する多様なチームのケースを想定して，そのチームにかかわるアクター（人物や団体など）がどれくらいいるか，それらのアクターが現在の学校や教員とどれくらい親密な関係を構築しているのか，〔学校のネットワーク〕を考えてみよう。
2. とくに，学校での学習や地域社会での育ちに課題をかかえている子どもの存在を考えたときに，学校や教員にはどのような力があるのか／期待されているのかについて考えてみよう。

注
1）SOGI は，Sexual Orientation/Gender Identity の頭文字を取ったものである。近年，人々の性的指向性や性同一性について，LGBT という呼称が浸透しつつあるが，この呼称自体が性的マイノリティと性的マジョリティを分断する概念であることを意識する人々が，国際人権法などの議論の場で SOGI という呼称を使用するようになっている。
2）たとえば，2016 年度に文科省が(株)リベルタス・コンサルティングに委託した教員勤務実態調査の速報（2017 年 4 月 28 日文科省報道発表）では，2006 年の実態調査よりも学校での勤務が長時間化している実態が明らかになった。文科省ウェブページ「教員勤務実態調査（平成 28 年度）の集計（速報値）について（概要）」(http://www.mext.go.jp/b_menu/houdou/29/04/1385174.htm) 参照。
3）なお，「地域とともにある学校」という学校像には，人口減少によって社会的機能が全体的に弱体化しつつある地方の極小規模自治体の地域社会維持を担う中核的公的機関としての学校という新

たなあり方の議論も含まれている。本章では，とくに子どもの育ちに焦点づけるため，行政組織の再編・再構築という観点からの学校論には言及しないでおきたい。
4）文科省（2017）「スクールカウンセラー等活用事業実施要領」参照。
5）平成 30 年度文科省概算要求資料参照。2017 年度の実数が 5047 人で，概算要求では 2018 年度に 8047 人まで配置増をめざすとされている。
6）教育相談等に関する調査研究協力者会議報告（2017）「児童生徒の教育相談の充実について」11 頁。
7）運動部活動の在り方に関する総合的なガイドライン作成検討会議（2017）「第 1 回配付資料」5 頁参照。

参考・引用文献
青木みのり（2004）「教師はスクールカウンセラーとの協働をどうとらえたか？：PAC 分析による意味づけの検討」（お茶の水女子大学）『人間文化論叢』第 7 巻，157-167 頁
OECD／国立教育政策研究所編（2014）『教員環境の国際比較―OECD 国際教員指導環境調査（TALIS）2013 年調査結果報告書』明石書店
岸裕司（2003）『「地域暮らし」宣言―学校はコミュニティ・アート！』太郎次郎社
紅林伸幸（2007）「協働の同僚性としての《チーム》―学校臨床社会学から」『教育学研究』第 74 巻第 2 号，174-188 頁
宮坂哲文（1975）「学級づくりと生活指導」『宮坂哲文著作集Ⅰ』（初出：『学級づくりと生活指導』〈生活指導問題講座第 1 巻〉明治図書，1958 年）
東京都教育委員会（2012）「小中学校の校務改善推進プラン」
──（2017）「東京都におけるチームとしての学校の在り方検討委員会報告書」
保田直美（2014）「学校への新しい専門職の配置と教師役割」『教育学研究』第 81 巻第 1 号，1 -13 頁
山野則子（2009）「スクールソーシャルワーカーの役割に関する新たなモデルの探究：学校配置後の役割に着眼して」大阪府立大学『社會問題研究』第 58 巻，59-69 頁
横井葉子（2015）「チーム学校におけるスクール・ソーシャルワーカー活用の視点」文部科学省「中教審チーム学校作業部会第 4 回プレゼン資料」http://www.mext.go.jp/b_menu/shingi/chukyo/chukyo3/052/siryo/__icsFiles/afieldfile/2015/05/07/1357412_03_1.pdf

第6章
教員の仕事と専門性・専門職性

1 教員という存在

(1) 教師と教員

「教員」とは,「近代学校に『教師』として雇用されて,そこに通う人々に対して何かを教える一群の人々」(久冨 1994:3頁)を意味する。

「教師」という言葉は,家庭教師やピアノ教師という言葉もあるように,学校教師だけを意味するわけではない。それに対して「教員」という言葉は,学校教師以外にはほとんど用いられない。実際,「員」という言葉はある組織に所属し,何らかの役割などを担う人々を意味する。つまり,「教師」という言葉は,学校における教師-生徒関係を前提とした実際に教える者としての側面に着目しているのに対して,「教員」という言葉は学校という組織に「教師」として雇われた社会的・制度的存在としての側面に注目している。

ただし,ここでいう学校とは,古代からみられた僧職・知識人・官僚といった特定身分の後継者を対象とした学校ではなく,社会のある一定の年齢のすべての子どもが通うことを原則とする皆学制近代学校である。この近代学校は,子どもにある共通の知識・技能や規律を身につけさせることにより,国民意識の涵養や産業社会が求める人材の育成を目的として,近代国民国家の強い主導のもとにその普及・拡大が図られた。この皆学制近代学校において教師として採用され,その社会に生まれたすべての子どもに対して教育活動を行う一群の人々こそ,「教員」に他ならない。

(2) 社会的・制度的存在としての教員

近代学校にはすべての子どもが通うことが原則である以上,相当数の教員が

必要となる。また，就学率や上級学校への進学率の上昇，修学年限の延長，学級定数の改善などに伴い，その数はさらに増大する。その結果，教員は巨大な社会層，しかも資格の必要な専門職業集団を形成することとなった。

　また，個々の学校において働く大人のうち，その圧倒的多数は教員である。しかも学校の管理職もそのほとんどが教員であるから，学校は事実上，「強固で組織的な教師集団を支配階級に戴いた，少数者専制体」（ウォーラー　1957：24頁）といえ，教員はまさに「学校制度の代理人（agent）」として人々の前に立ち現れることとなる。実際，多くの教育施策は教員の日常的な仕事を通して実現されるものであり，その意味でも教員は学校制度の実際的あり方を決めるほどの重要な役割を担っている。

　さらに，教員には，国家が主導する近代学校制度において教えるための特別な免許を有する「専門職」としての「制度的権威」が付与されている。それにより，教員は自らの教育活動上の成功／失敗の同定，失敗の原因の特定，その対応についての判断などを自らの手で行うことが許されている。このことは，失敗を恐れず，よりよい教育の実現をめざして教員が日々の教育活動に専心するうえで必要なものであるが，ともすれば，失敗の原因を子どもの能力・性格や家庭環境などに求め，成功のみを自らの手柄とすることにもなりかねない[1]。

　いっぽうで，近代学校制度は，ある知識・技能や規律の獲得のために，子どもを囲い込み，意図的に組織され，必要な諸資源を集中させた空間である。そこに通う多数の子どもたちに効率・効果的にある知識や技能を伝達し獲得させることができるよう，学校以外ではあまりみられない知識・生活秩序・道徳面における規則などが学校には存在する（たとえば，学校で教えられた知識は学ぶべき，先生の指示には従うべき，整然と並べられた所定の席に座るべき）（久冨・長谷川　2008）。先の「制度的権威」も，ある教育理念を実際の教育活動として実現していくための組織的な意志決定に基づく「形式」の1つといえるが，それにより安定的に教育活動を展開することが可能となっている[2]。逆にいえば，教員はこれらの組織的な意志決定からまったく自由というわけではなく，

自らの教育活動にとっての足枷になることも少なくない（第8章参照）。

2 教員がかかえる諸課題

（1）「教える」ことの本来的むずかしさ

しかしながら，教員は，日々の教育活動をつつがなく行うことができているわけではなく，その社会的・制度的な地位さえも盤石なものではない。

そもそも「教える」という営みは，ある知識・技能や規範などを伝達するだけではなく，それを受け取る側が獲得し身につけることで実現するものである。この「教える」という営みが実現するか否かは，あくまでも一人ひとりの学習者が伝達された知識などを「学ぶべき」こととして受け取るか否か，また教え手の意図どおりに学ぶか否か，さらにそれを自らのものにしようと努力するか否かにかかっている。つまり，受け手次第のところが大きい，きわめて不確実性（uncertainties；Lortie　1975）に満ちたむずかしいものである。

加えて，皆学制近代学校において「教える」仕事に従事する教員は，以下のような困難を根源的にかかえている（久冨　2017）。

まず，近代学校に通う子どもたちは，かつての徒弟制や私塾などと異なり，何らかの知識・技能等を獲得することを望んできている者ばかりではなく，しかも個々の興味・関心，得手不得手にかかわらず，さまざまなことがらを教えなければならない。教員が，たまたま制度的に出会った子どもたちから「教え手」としての信頼を得ることそれ自体がきわめてむずかしいことである。

また，そこで伝達される知識・規範・価値は，日常的な生活・労働と密接にかかわるようなものではなく，世の中に存在している知識などのなかから「次世代を担うすべての子どもにとって必要とされるもの」が選ばれ，子どもたちに伝達し，かれらが獲得しやすい形に加工され，本来その知識などと結びついていた具体的な生活・労働場面とは切り離された学校という場において伝達・獲得されるものである。したがって，子どもにとっては直ちにその意義（レリバンス）を見いだしにくく，その獲得を動機づけることもむずかしい。

さらに，教員が実際に「教える」仕事を行うのは，年齢や能力などのある原

則に基づいて一群の子どもたちが集められた教室である。その子どもたちが，一斉に騒ぐことなく集中してさまざまな活動に取り組むよう，教室内の規律を維持・確保することもきわめてむずかしいことである。

加えて，「授業は生き物」といわれるように，事前の準備・計画をいくら周到に行ったとしても，ひとたび授業が始まり子どもたちとのやりとりが行われれば，そのとおりにいかないことがほとんどである。そのため，教員には一人ひとりの子ども・集団の状況・反応を読み取り，柔軟に対応していくことが求められる。もちろん，試行錯誤のなかで「きっとこうだろう」「こうすればこうなる」といった授業の進め方や即興的な子どもへの対応に関する経験則が蓄積されるなかで円滑な対応が可能となる場合も少なくない。しかし，この経験則も，相手にする子どもや状況が異なれば通用しなくなることも少なくない。

（2）教員たちが社会層としてかかえ込む課題

イギリスの教育社会学者ハーグリーブス（Hargreaves, D.H. 1980）は，教員が社会層としてかかえる困難として以下の3つをあげている。

①地位課題

上述したように，教員はその数の多さゆえに，高い給料を支払うこともできず，優秀な人材ばかりを集めることもむずかしく，また人々にとってはごくありふれた職業でもあるため，医者や法曹などに比べて，その社会的地位は低いものとなっている。現在，日本には，幼稚園・小学校・中学校・高等学校・中等学校・特別支援学校を合わせると100万人を超える教員がおり，その就業人口に占める割合はおよそ50人に1人にのぼる。その数は，看護師140万人（うち准看護師40万人）よりも少ないが，医師40万人，法曹4万人に比べて，巨大な職業集団となっている[3]。

また，教員は，学者や作家などの知識人・文化人と同等にみられることはなく，かれらが創造した成果を子ども相手に伝えるだけの単なる「伝達者」としてみなされがちである。しかしながら，仮に教員を「伝達者」として捉えた場合でも，前項でみてきたように「教える」という仕事は不確実性に満ちたきわ

めてむずかしいものであり，高度な専門性を要するものである。実際，教員は「こうしたらこうなる」という黄金律が存在しないなかで，不断の教材研究や教育活動上の創意工夫を重ねながら，子どもが知識・文化を「(再)創造」することを支援する多様な教育実践を「創造」してきている。

②関係課題

　子どもとの関係形成をめぐる困難は，教員の「教える」仕事のむずかしさの中核をなす課題であった。そうした困難は，子どもを学校に送り出している保護者との関係づくりのむずかしさにも連動している。一時期，「モンスターペアレンツ」という言葉がマスコミなどで注目を集めたが，そもそも両者の関係は根本的な対立を胚胎している。というのも，保護者にとって自分の子どもはかけがえのない「わが子」であるのに対して，その子どもに教員がどれほど親身にかかわったとしても，職務上かかわることとなった「多数の子どものうちの一人」にすぎない。またさまざまな教育観をもつ教員どうしが集団として活動を行っていくことも容易ではなく，そのことが教員間に「相互不干渉性」(Hargreaves　1982)や「同僚との調和」(永井　1977)といった規範・行動様式をもたらしている。さらに，学歴や出身階層のちがいによる地域社会との文化的距離，あるいは教員に対する道徳・知識面での過剰な期待に基づく生活全般に対する厳しい視線ゆえに，教員は地域社会との関係形成を忌避する傾向にある（ウォーラー　1957）など，教員がかかえる関係課題上の困難は多岐にわたっている。

　また，こうした保護者・ほかの教員・地域社会との関係形成をめぐる困難は，教員の仕事がもつ不確実性ともかかわっている。ローティ(Lortie　1975)によれば，不確実性の高い仕事を行う教員は，教室に閉じこもり子どもとのかかわりから心理的報酬を得ることに専心し，校長・同僚教員・親などの教室外の大人との関係形成や自らの職業的地位・学校運営に関する事柄には限定的にしか関わろうとしないという。その結果，旧来のやり方でもって1人で対処しようとし（個人主義傾向），不確実性の高い革新的な方法を選択するよりも既知の方法にしがみつき（保守主義），将来における期待される成果よりも目の前の

成果を追求する（現在主義）傾向をもつとされる。

③能力課題

　教育の目的は，日本においては教育基本法や学習指導要領で示されているものの，たとえば「人格の完成」をめざすとしても，具体的な子どもの姿をもってその達成を明確に示すことはむずかしい。何が到達点なのかが明確でない以上，教員が何をどこまでどのようにすればよいのかという職務の範囲を定めることにも困難を生じさせる。また，教育の成果を捉えること自体もむずかしいことである。たしかに，その成果は一定程度，客観的テストや実際の子どもたちの姿を通じて捉えることができるかもしれないが，それだけがすべてというわけではないし，またある時点で把握された成果（あるいは把握されなかった成果）がその後の子どもの人生にどのような意味をもつかも定かではない。

　こうした教育の成果とその測定の不確実性は，教員が自身の仕事の成果を実感したり達成感を得たりするうえでの困難をもたらすだけでなく，自らの成果や能力をほかの人々に示したりすることをも困難にしている。そのため，教員たちは「本当にこのやり方でよかったのだろうか」「もっとやれることがあるのではないか」「雑事に追われて，大事なことができていない」といった不全感，職務の際限なき拡張への強迫感，それゆえの多忙感を抱きがちである。

（3）専門性と専門職性

　これら3つの課題は，別個に存在しているというよりは，相互に重なり関連しあい，教員の専門職としての確立をめぐる困難をももたらしている。すなわち，「教える」仕事がもつむずかしさに鑑みれば，教員には特別の専門的能力や資質など「専門性（professionality）」が求められることはまちがいない。しかしながら，何のために教えるのか，何をどのようにどの程度教えればよいのか，教えたことがどれだけ獲得されたのかといった教員の仕事の一連のプロセスには「不確実性」が常につきまとう。そのことが，教員が自他に対してその「専門性」の内実や「専門的力量」を明示すること，またそれにより「教える者」としての自信や権威・地位を確保すること，さらに子ども・保護者・地域

社会から信頼を調達すること，などをめぐる困難をもたらしている。

ところで，ある職業が「専門職」として社会的に承認されるか否か，あるいはどのような「専門職」と社会的にみなされるのか，またどのような「専門性」とその向上が期待されるのかなどをめぐる社会文脈的論点は「専門職性（professionalism）」と呼ばれる（ウィッティ　2004；ウィッティ＆ウィスビー　2008）。かつて，教員は，その「理論づけられた専門的知識」「広範囲の自律性」の相対的低さゆえに，医者や法曹といった伝統的専門職に比べて一段劣る「準専門職」「疑似専門職」（エチオーニ　1977）とされてきた。しかしながら，教員が「専門職」として社会的に承認されそれを確立することがむずかしかったのは，これまで述べてきたような教える仕事と社会的・制度的存在としての教員がかかえる困難によるところが少なくない。

3 教員文化と日本におけるその歴史的展開
（1）教員文化とは

教員の仕事は，不確実性に充ちており，常に失敗のリスクをかかえている。といって，失敗を恐れて何もしないわけにはいかないため，教員は，「今この子にはこれが大事なことのはずだ」「この子どもはこのように思っているはずだから，このようにしたほうがよい」という予測のもとに試行錯誤を繰り返している。そのなかで「こうすればうまくいく」という経験則，すなわちコツとかカンと呼ばれる「実践知」を創り上げている。また，子どものテストの点数が満足のいく結果でなかったとしても，「そういう子どもはどこにでもいる」「限られた時間のなかでは仕方がない」という成功／失敗に対することがらの把握や意味づけ方などを生み出している。教員が日々の教育活動において出会う困難・課題に直面しながらも，それを乗り切ろうとし，教員層内部で伝達・共有・蓄積してきた行動様式やものごとの捉え方などは「教員文化」と呼ばれ，久冨（1994）は以下のように定義している。

> 教員という職業の遂行（仕事と生活とを含めて）にまつわって歴史的に

> 選択され，形成され，継承され，また創造されながら変容していくところの蓄積された信念・慣習・伝統・思考法・心性・付き合い方のセット（13頁）

　教員文化は，日々直面している困難・課題の乗り切りを直接助けるだけでなく，実際に失敗や否定的な体験をしたとしても，「こうしたことは教員にはつきもの」などと捉えることにより，直ちに「教員として自分は失格だ」といった教職アイデンティティの喪失につながらないようにする働きをもっている。このおかげで，教員はさまざまな困難・課題に直面しながらも，「自分が教員として，その仕事をそれなりにやれている」という感覚や自己イメージのもと，教員を続けることが可能になっている。

　また，教員文化は，教員がそれぞれの教育活動のなかで直面する成功・失敗の体験を個人としてではなく，ある集合的なものとして処理し体験する枠組み・基準を提供する。この教員文化の伝達・共有・蓄積は，主として勤務校の教員集団をはじめとする教員集団における教員相互のやりとりを通じて行われている。個々の教員集団がもつ教員文化は，個々の教員の日々の教育活動と教員としてのアイデンティティの維持・確保にとって無視できない文脈となっている。たとえば，同じ失敗をしたとしても，「教員にはそうした失敗はつきもの」と職場の同僚から慰められる場合もあるだろうし，逆に「そのような失敗をするなんて教員失格だ」と叱責される場合もある。とくに，教員としての経験が浅く，教員文化を十分に身につけておらず，教員としてのアイデンティティが確立できていない初任者にとっては，こうした同僚からの理解や励ましがなければ，自らの無能さを厳しく問うことにつながりかねない（久冨　2017）。

（2）1つの相としての教師像

　教員文化には，①イデオロギー的側面（価値・規範にかかわる）の分野（指導観・子ども観・教育観・学校観など），②集団・組織的側面（社会関係における身の処し方・つき合い方）の分野（同僚間関係，対生徒関係，対父母関係，対地域社会関係など），③自己意識とパーソナリティ型の側面の分野（教職の性格に関す

る考え方(=教師像/教職観)・教員の社会的地位意識,教職の「誇り」や「働きがい」の捉え方など)の3つの側面があるとされる(久冨 1988)。

そのうち,「教師像」あるいは「教職観」は,「教師たちの自己意識を示し,また価値的な教師イメージの結晶した姿」(久冨 1998:78頁)である。それは上記②の社会関係における身の処し方・つき合い方が編み合わされた,「全体としての教員文化の一つの相」(長谷川 2003:33頁)である。この「教師像」は日々の仕事と生活における教師たちの意識を内側から支え,またそれに向けて日々努力するものとして,あるいは自らの行動を規制するものとして機能する。いっぽう,この「教師像」は,子ども・保護者・地域社会や社会一般の人々にとって相対的にみえやすく,「教員とはこういうものだ」という1つの評価軸としても機能する。教員と人々との間に「教師像」の共有がなされている場合には,仮にその像から外れた教員がいたとしても,あくまでも「例外」とされるが,そうした共有がない場合には,「だから今の教員はダメなのだ」という教員全体を批判する格好の材料となる。このように,「教師像」は教員と子ども・保護者・地域社会との信頼関係の回路にもなっているのである。

(3)「献身的教師像」による乗り越え

「献身的教師像」とは,「担任する子どもに対して献身的に向き合う教師」を意味し,今なお,日本の教員たちの多くに共有されている教師像といえる。図6.1は,過去3回にわたって教員を対象としたアンケート調査[4]であるが,どの年度においても「(3)精神的に気苦労の多い仕事」「(4)子どもに接する喜びのある仕事だ」「(5)やりがいのある仕事だ」についての肯定側回答(「強くそう思う」「そう思う」)は100%近く,「(6)自己犠牲を強いられる仕事だ」についても80%以上にのぼっている。このように「気苦労や自己犠牲を伴う仕事であるが,子どもと接する喜びとやりがいのある仕事」という教職観は,今もなお,圧倒的多数の教員によって共有されているものである。

この「献身的教師像」は,1910〜20年代において,公教育制度の整備・拡大に伴う教員の大衆化と経済的・精神的地位の低下が進む一方で,都市部を中

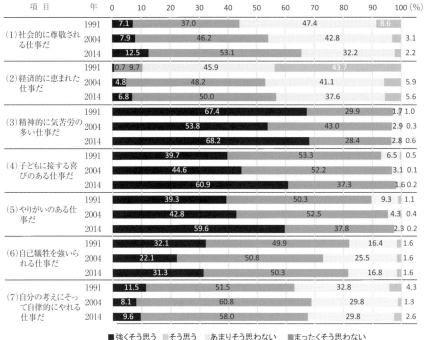

図 6.1 教職観とその経年変化

心とする教育・学校への期待の高まりという矛盾する状況を解消するため，国家の側から，教員のみならず子ども・保護者・地域社会に押しつけられたものとされる（中内 1995）。実際，「教師殉職事件」を美談とすることにより，教員の「受け持ちの子どもへの愛」「子ども想いの熱心さ」「職務への忠誠」が讃えられ，「教員とは子どものために命をも投げ出すほどに熱心さをもって自らの尊い仕事している人だ」という「教師像の聖化」が図られた。

この教師像は，たしかに国家の側から押しつけられたものであったが，教員と子ども・保護者・地域社会との間で共有されることにより，教員が直面するさまざまな困難・課題を乗り越えていくことを内面から支えると同時に，子ども・保護者・地域社会からの信頼と権威を調達し，かれらとの関係形成をはかる回路にもなったと考えられる。たとえば「熱心にやればいずれわかってもら

えるはずだから，子どもたちのためになるならばもう一手間かけよう」といった教員の想いを，「そこまで自分たち（子ども）のことを想って熱心にやってくれているのだから協力しよう」といった子ども・保護者・地域社会が受け取るといった関係性をもたらしたといえる。先述した教員が社会層としてかかえる3つの課題に基づき整理するならば，「献身的教師像」は，「教師像の聖化」とその共有を通じた社会的地位の上昇（地位課題），子ども・保護者・地域社会との像を通じた信頼と権威の調達・関係形成（地位・関係課題），教員の仕事につきまとう不確実性への「熱心さ」による対応（能力課題）を可能にしたといえる。

また，この「献身的教師像」が教員世界と外部世界との間のヴェールとなることによって，教員世界内部に一定の「自律性」をもたらした。そのことは，教員に専門性を発揮し追究する自由な活動を展開する空間と，自主的で創造的な専門性の高度化志向と自己意識をもたらした（久冨　1998）。実際，職場・サークルにおける授業研究の伝統，教員自身による研究会・研究誌の多数開催・発行，民間教育研究団体の組織化と活動（たとえば，教育科学研究会など）にみられる，教育・研究熱心さや創造性の高さは，日本の教員に特有なものといえ，近年「jyugyo kenkyu」は海外からも高い評価を受けている。いっぽうで，このヴェールは，教員集団内部に外部社会とは異なる独自の行動様式やことがらの捉え方を生み出し，それらに向けて教員が内側でまとまる「求心的関係構造」をもたらした。その一例として，外部世界に対しては「生真面目さ」「熱心さ」「子ども想い」を示しながらも，教員世界においては「まあ多少のことは大目にみて」「あなたが余計なことをするとこっちが怠けているように思われるから困る」「あなた・子どものことを思ってやっているのだから言うことをきくべき」といった「ずさんさ」「足並みをそろえて」「家父長主義的な従属」といった行動・価値態度があげられる（久冨　1994・2003）。

さらに，「献身的教師像」は，「個々の教師や教師集団が，子ども・親からの期待に応える関係を積極的に引き受け，その関係が前面に立つ位置取りを負うことで，（教師・学校側が期待する）教師と学校への信頼・権威を確保・維持し

て，近代学校と学校教師の抱えるアポリアを乗り切ってきたという構図」（久冨　2017：123頁）をもたらした。ただし，この構図下では，問題が生じた場合には，子ども・保護者・地域社会からの批判の矛先は直ちに「制度の代理人」たる個々の教員・学校に向けられ，より重い責任を有する教育官僚機構はかれらを衝立としてそうした批判から逃れることができた。

（4）「献身的教師像」の性格変化

　1950年代は，教員にとっての「黄金時代」と呼ばれ，この「献身的教師像」の共有下で，教員による自由活発な教育活動が展開された。それは，戦後改革によって国家の統制が弱まったり，教員養成が大学で行われるようになったり，社会の進歩・民主化に向けた「真理の代理者」「子どもの学習・発達を保障する存在」として教員への期待が高まったことなどによる。しかし，1960年代以降，国家統制の強まり，また高校・大学進学をめぐる競争の激化とこれまで「無関心であった親」を巻き込んだ学力要求の高まりにより，そのような活動空間は縮小されていった。とりわけ，1970年代後半になると落ちこぼれ，校内暴力，いじめ・不登校など相次ぐ教育問題の噴出のなかで，子ども・親のみならず，社会からも学校・教員に対する批判が相次ぎ，またマスコミもそれを助長した。そこでは，かつての「献身的教師像」の共有関係は弱まり，むしろ「本来子ども想いで熱心なはずなのに，このような先生がいるなんてけしからん」と，そこから逸脱する存在を厳しく批判する鏡として機能した。いっぽう，教員の間では依然として「献身的教師像」は根強く，「自分はこんなにもがんばっているのになぜ子どもたちは言うことを聞かないのか，なぜ親たちはこんなにも無理解なのか」という思いにとらわれ，職務への過剰な専心とそれに伴うストレスのもとで何ら報酬が得られず無気力などになるバーンアウト（燃え尽き症候群）に陥る者もみられるようになっていった。

　この「献身的教師像」の共有の喪失は，子ども・父母・地域社会との関係課題や教員の専門性・自律性をめぐる地位課題，ひいては自らの仕事がやれているという能力課題を顕在化させた。そうした状況下においては，子どもとの関

係形成における困難を，生活指導面での管理主義や学習指導面での指導技術のマニュアル化により形式的・一時的に回避しようとする動きもみられた（久冨1998）。今日の「ゼロ・トレランス」や「授業スタンダード」は，その現代版といえよう。しかし，こうした対応は，本来むずかしい教員の仕事に求められる専門性を低位なものとし，また自らの社会的地位を「伝達者」（あるいは「秩序統制者」）として押し下げるものでしかなく，その形式的・一時的性格ゆえに子どもや保護者などからの不信を一層募らせることにもなった。さらに，そうした不信を追い風として「信頼回復」などをめざした教員・学校に対する国家官僚統制を招くこととともなった。実際，次節でみるように1990年代半ば以降，教員・学校そのものを対象とする改革が展開されていった。

　ところで，図6.1をあらためてみてみると，とくに「子どもに接する喜びのある仕事」「やりがいのある仕事」については，強い肯定が増えている。また「精神的に気苦労のある仕事」「自己犠牲が強いられる仕事」も，この10年間に強い肯定が増える傾向にある。いっぽう，「社会的に尊敬される仕事」「経済的に恵まれた仕事」については，ほかに比べて肯定側回答の割合は低いものの，この間増加傾向にある。とくに，後者については1991年調査では1割程度にすぎなかった肯定側回答が5割を超えるようになっているが，それはバブル崩壊以降の不況による民間の給料水準の低下や非正規雇用の拡大により，その経済的安定性が意識された結果と思われる。こうした社会的・経済的地位に関する自己意識は，教員に対するバッシングや人々との関係形成の阻害をもたらす要因にもなりかねないものであるが，教員たちはこれまで以上に「献身的教師像」をある種の誇りとして強く意識しながら，「地位課題」をはじめとする諸困難の乗り切りを図ろうとしているように思われる[5]。

4 教育改革時代における教員の専門性・専門職性

（1）改革における教員の二重の位置

　日本においては，1990年代半ば以降，さまざまな教育改革が矢継ぎ早に進められてきた。この教育改革時代と呼ぶべき状況は，先進諸国において共通に

みられ，とくに英米では「小さな政府」をめざす「新自由主義的改革」が1980年前後から急速に進められてきた。これらの改革は，教育社会学者アーチャー（Archer 1982）の教育システムの普及・拡大論における第三局面への対応といえる。この教育システムの拡大飽和期である第三局面においては，教育の供給側・需要側双方にとって，その積極的意義を見いだしにくく，むしろ関与しないことのデメリットが強く意識され，教員の正統性（その存在，あり方が手放しで「当たり前」のこととして受け容れられること）が大きく問われることになる。日本では，バブル経済と日本型循環社会（本田 2014）の崩壊が本格化した1990年代後半の「学級崩壊」や「学校知識離れ」，2000年前後の「学力低下論争」という形で顕在化した。そうしたなかで，教員に対する「正統性」あるいは「信頼」の回復を基調とした教育改革が推し進められていった。

　教育改革下において，教員は「改革の担い手」と「改革の対象」という二重の位置に立つこととなる（久冨 2008・2017）。「社会に開かれた教育課程」「チームとしての学校」などの教育改革は，学校現場における教員の仕事に直接・間接に影響を及ぼし，また実際のかれらの仕事を通じて現実化し，それがいかなる子どもの成長・発達をもたらしたのかによってその成否が問われるものである。このように教員は，教育改革を実際に現実化しその成否を左右する担い手として位置づけられることになる。いっぽうで，教育改革の基調に教員・学校に対する「信頼の回復」がある以上，教員のあり方自体が改革の対象として位置づけられることとなる。実際，日本では20年近くの間に「不適格教員の排除」「優秀教員への表彰・優遇」「教員人事考課」「教職実践演習の必修化」「教職大学院の創設」「現職教員研修の強化」「教員免許状更新講習」「教員育成指標の策定」「教員研修計画の策定」といった，さまざまな教員制度改革が行われてきた（第1,2章参照）。

（2）「教員の専門性向上」言説

　「学び続ける教員像」をはじめとする「教育の専門性向上」言説は，こうした教育改革時代における教員の二重の位置をつなぐものとなっている。それは，

子どもの現状やかれらをとりまく社会状況などを鑑みて解決すべき教育課題を同定し，そうした課題の解決に対応するための教員の専門性の向上と，それを具体化するための諸施策・改革を求めるものである。たとえば，2015 年 12 月の中央教育審議会答申においては，「新たな知識や技術の活用により社会の進歩や変化のスピードが速まる中，教員の資質能力向上は我が国の最重要課題であり，世界の潮流でもある」(2 頁) として，これからの時代に求められる教員に求められる資質能力として，「自律的に学ぶ姿勢を持ち，時代の変化や自らのキャリアステージに応じて求められる資質能力を生涯にわたって高めていくことのできる力や，情報を適切に収集し，選択し，活用する能力や知識を有機的に結びつけ構造化する力」「アクティブ・ラーニングの視点からの授業改善，道徳教育の充実，小学校における外国語教育の早期化・教科化，ICT の活用，発達障害を含む特別な支援を必要とする児童生徒等への対応などの新たな課題に対応できる力量」「『チーム学校』の考えの下，多様な専門性を持つ人材と効果的に連携・分担し，組織的・協働的に諸課題の解決に取り組む力」の 3 点をあげている (同上，9 頁)。

　また同答申では，教員に求められる資質能力 (専門性) を示すだけでなく，教員がそうした専門性向上への努力を行うように刺激する制度として，「高度専門職業人として教職キャリア全体を俯瞰しつつ，教員がキャリアステージに応じて身に付けるべき資質や能力の明確化のため」，各都道府県などに対して，国の大綱的指針のもとに教員育成指標を策定し，またその指標をふまえた教員研修計画の策定と研修の実施を求めている。

　こうした「専門性向上」言説は，改革における教員の二重の位置をつなぐと同時に，教員の専門性と専門職性との再定義を含んでいる。実際，先の答申においては，「現代的教育課題」とされる事項への直接的対応力とその不断の向上をはかることを教員の「専門性」とし，そうした専門性の向上を教員育成指標や教員研修計画に基づき「学び続けていくべき専門職」として位置づけている。こうした再編動向の基調となっているのは，これまで教員が教育専門職として得ていた身分・地位の安定性，職務における自律性・裁量，自身の職業へ

の誇り・専心・やりがいを揺るがし，外側から教員が対応すべきとする諸課題の解決を定めそれへの直接的対応を求めると同時に，かれらの仕事を厳しく管理し，かれらを競争的環境におき，信頼に足る教員となるよう，自らの専門的力量向上に向けて努力するように仕向けることである。実際，一連の教育政策を通じて，教員の安定的身分の切り崩し（不適格教員の排除や教員免許状更新講習など），教員・学校の裁量の狭隘化（校長権限の強化や職員会議の補助機関化など），目標と結果の明示化と説明責任の強調（学校評価・教員人事考課の導入），指標に基づく教員の専門性向上の制度化（育成指標・研修計画の策定）などが図られてきた（第7章参照）。

（3）「信頼」調達方式の変革

しかしながら，これらの改革動向は，単なる国家による統制強化を意味するものではなく，教員・学校に対して不信・不満を抱いてきた子ども・保護者・地域社会などの一定の共感に応えるものとなっていることに留意する必要がある（久冨　2017）。教員・学校への「信頼」は，これまで「規準にもとづく規制を通し一律・公平な供給を確保する官僚機構の公正さ」と「専門的なサービスの中身と運営について，専門家たちの倫理・努力」という，いわば「組織」と「プロフェッション」とに対する「信頼」の「緩やかな連結」をもとに調達すべきとされてきた（ルーマン　2004）。そのもとでは，教員・学校は国家の一律供給システムのもとで学習指導要領などの縛りを受けながらも，実際の教育のあり方やその質の確保については全面委任されており，また子ども・保護者・地域社会からすれば国家によって「守られた存在」であった。いっぽう，この間の改革がめざす「明示化される目標，市場の中での競争的努力，ニーズに応える供給創出，評価とその規準，など」を通じた信頼調達方式は，これまでブラック・ボックスとなっていた教育のあり方やその質，それを生み出している教員・学校の営みに関する情報に，外部の人々がアクセスすることを可能にするという意味で「開かれた」性格をもつものといえる（久冨　2004）。

　もちろん，手放しにこの「信頼」方式を受け容れるわけにはいかない。まず，

こうした目標・評価・規準などに即して教育・教員・学校のあり方を画一化していくことは，教員の仕事がもつ「不確定性」への柔軟な対応を困難にさせ，子ども・保護者・地域などの「不信」をより一層募らせかねない。また，仮にそうした目標達成に向けたプロセスの選択が教員・学校に委ねられたとしても，その達成に向けた努力を無限定に求められ，教員のアイデンティティや自由を疎外する「遂行性のパラドックス」（小玉　2013：140-142頁）をもたらしかねない。さらに，少なくとも日本の場合，目標などの決定に関しては国家官僚統制が強いため，国家官僚は自らが定めた目標などの適否を問われることなく，個々の教員・学校の達成度を管理・統制し，その結果を「説明責任」の対象である子ども・保護者・地域などに間接的に伝える存在として振る舞うことができる（ビースタ　2016）。そこでは，教育に対する互いの願いや想い，実際の教育活動における出来事や困難，さらには具体的な子どもの成長・発達の姿をめぐる学校・教員と子ども・保護者・地域社会などとの間の直接的なコミュニケーションは助長されにくく，仮にそれがなされたとしても目標・規準の不達成などについての学校・教員による弁明としか見なされず，結果として目標などの達成の成否に基づく「低い」信頼しかもたらされないだろう。

5　教員の専門性・専門職性のゆくえ

今日，知識基盤社会の到来，情報化・グローバル化の進展などの社会の変化を前にして，「主体的・対話的で，深い学び」「社会に開かれた教育課程」といった教育方法や教育課程のあり方や「チームとしての学校のあり方」「コミュニティ・スクール」「地域における学校との協働体制」といった学校のあり方が問われるなかで，新しい教員像・専門性・専門職性が模索されてきている。それを考える手がかりとして，以下では「省察的実践家」と「民主主義的専門職性」という2つのモデルを取り上げる。

アメリカの哲学者ショーン（2007）は，「技術熟達者（technical expert）」から「省察的実践家（reflective practitioner）」への専門職モデルの転換を提起している。前者は，教職を医師や弁護士などの専門職と同様に捉え，「教育実践

は，教授学や心理学の原理や技術の合理的適用（技術的実践）であり，教師は，それらの原理や技術に習熟した技術的熟達者」（佐藤　1997：58頁）とするものである。また「『効率性』と『有能さ』の原理を基礎としており，教育結果の生産性や学習の能率性を求めて競い合う産業社会と大衆社会の要請に応じ，学校の画一性化された文化や官僚的な組織に順応する性格を示している」（同上：60頁）。いっぽう，「省察的実践家」モデルは，「教職を，複雑な文脈で複合的な問題解決を行う文化的・社会的実践の領域ととらえ，その専門的力量を，問題状況に主体的に関与して子どもとの生きた関係をとり結び，省察と熟考により問題を表象し解決策を選択し判断する実践的見識に求める考え方」（同上：58頁）である。それは，「教える」という仕事がもつ「不確定性」と向き合い，その状況や意味の複雑さを解明しながら，「状況に対して柔軟で繊細になることを求め，問題に対する個別的具体的な理解を追求する」（同上：60頁）ものである。また「評価については，生徒の学習の進捗を中央統制的に管理し客観化した形で図る尺度を探るといったやり方から，それぞれの教師が学習の経験と成果を，独自に質的に判断し，その展開を自分の言葉で叙述によって説明する方向へと転換が図られる」（ショーン　2007：350-351頁）とされる。

　イギリスの教育社会学者ウィッティは，国家官僚による目標・評価による教員とその仕事との管理・統制を排し，学校の教育活動を教員の専権事項としてきた伝統的な専門職性を超えていくために，「民主主義的専門職性」を発展させていく必要があるとしている。それは，「専門職の仕事を脱神秘化し，教師と，生徒・親・コミュニティ構成員などのこれまで（学校の意志決定から）排除され，従来は専門職や国家によって（教育に関する）自分たちの意志決定を代行されてきた諸構成員との間の協調を構築しようとするものである」（ウィッティ　2008：204-205頁）。また民主主義的専門職性においては「教師は一つの教室にとどまらず，より広範な責務を担うことが求められる。そこには，一つの［教師］集団として，教師自身の集団的責任に貢献すると同様に，学校，教育システム全体，それ［自分が受け持っている］以外の生徒へも貢献することが含まれている。しかし，また，より広いコミュニティに対しても責任を持

ち，専門職の狭隘な関心はより広い社会的アジェンダに従属するべきだということを認識することもまた求められている」(同上：205頁)。

このような「省察的実践家」と「民主主義的専門職性」とは，相補的な関係にあるといえる。「省察的実践家」モデルは，「民主主義的専門職性」によって，教員の実践における判断や実践的見識が「内に閉じた」ものになることを回避し，教育実践がかかえる困難や課題をより広い社会的文脈から理解し，それにかかわるさまざまな当事者とその社会的現実の共有・共感をもとに立ち向かっていく社会関係的基盤を得ることができる。いっぽう，「民主主義的専門職性」がめざすところのより広い社会的諸課題の解決に対して，「省察的実践家」は，教育という固有の営みのなかで教員としての専門性を発揮しつつ，個別具体的に追求していくモデルを提供しているといえよう。

これらのモデルは，国家と科学的原理・技術との統制下におかれながら，それらを自らの信頼・権威の基礎として，自らの子ども・保護者・地域社会に対して「制度的存在」あるいは「職務遂行者」としての役割から脱却・「中断」し，自らも1人の市民として，既存のカリキュラム・学校のあり方，ひいては教員としての位置・役割やその専門性・専門職性のあり方を問い直していくこと（小玉 2013）を求めるものである。その際，格差・貧困の拡大，民主主義・立憲主義や人権の危機といった現代社会がかかえる課題を乗り越え，公正で民主的な社会の実現をめざして，子ども・保護者・地域社会とともに，「教える」仕事がもつ不確定性に向き合いながら教育実践を拓いていくことを，教員の公共的使命の根幹に据える必要があると考える[6]。

深い学びのための課題
1. 現在の教員が直面している困難について，「地位課題」「関係課題」「能力課題」の3側面から考えてみよう。
2. 教育実践に関する書籍や教育雑誌（『教育』『生活指導』など）を読み，教員はどのように「教える」仕事がもつ不確定性に向き合いながら教育実践を拓いているのか考えてみよう。

注
1）ルーマン（2004）は，これらを「プロフェッション化」と呼んでいる。
2）前出のルーマンは，ある教育理念を実現するための組織的な意志決定を通じてカリキュラムなどが編成されていくことを「組織化」と呼んでいる。
3）数値は文部科学省「平成28年度学校教育基本調査」，厚生労働省「平成28年度衛生行政報告例（就業医療関係者）」「平成28年度医師・歯科医・薬剤師調査」，日本弁護士連合会「弁護士白書2016年度」による。
4）調査の詳細については，久冨（1994・2008）および久冨・長谷川・福島（2018）を参照のこと。
5）近年の教職意識等の変容については，久冨・長谷川・福島（2018）を参照のこと。
6）こうした現代社会における教員・学校のあり方についてはハーグリーブス（2015）を参照のこと。

引用・参考文献
ウィッティ，G.（2004）『教育改革の社会学』東京大学出版会
ウィッティ，G. & ウィスビー，E.（2008）「近年の教育改革を超えて―民主主義的な専門職性に向けて」久冨善之編『教師の専門性とアイデンティティ』勁草書房
ウォーラー，W.（1957）『学校集団―その構造と指導の生態』明治図書
エチオーニ，A. 1966『組織の社会学的分析』培風館．
久冨善之（1998）「教師の生活・文化・意識」佐伯胖他編『教師像の再構築』〈岩波講座6 現代の教育―危機と改革〉岩波書店
――（2004）「子どもと教師の苦悩と希望」『日本教師育学会年報』第13号
――（2017）『日本の教師，その12章』新日本出版社
久冨善之編（1988）『教員文化の社会学的研究』多賀出版
――編（1994）『日本の教員文化』多賀出版
――編（2003）『教員文化の日本的特性』多賀出版
――編（2008）『教師の専門性とアイデンティティ』勁草書房
久冨善之・長谷川裕編（2008）『教育社会学』学文社
久冨善之・長谷川裕・福島裕敏編（2018）『教師の責任と教職倫理』勁草書房
小玉重夫（2013）『学力幻想』筑摩書房
佐藤学（1997）『教師というアポリア』世織書房
ショーン，D.（2007）『省察的実践とは何か』鳳書房
中内敏夫（1995）「『愛の鞭』の心性史」中内敏夫・長島信弘編『社会規範―タブーと褒賞』〈叢書 産む・育てる・教える―匿名の教育史5〉藤原書店
ハーグリーブス，A.（2015）『知識社会の学校と教師』金子書房
長谷川裕（2003）「教員の実践と教員文化の概念」久冨善之編，前掲書
ビースタ，G.（2016）『よい教育とは何か』白澤社
ルーマン，N.（2004）『社会の教育システム』東京大学出版会
本田由紀（2014）『もじれる社会』筑摩書房
Archer, M.S.（1982）"Introduction: theorizing about the expansion of educational system" Archer. M.S.（ed.）*The Sociology of Educational Expansion*, Sage
Hargreaves, D.H.（1980）"The Occupational Culture of Teacher", Woods, P.（ed）*Teacher Strategies*, Croom Helm
――（1982）"The culture of teaching" *The Challenge for the Comprehensive School*, Routledge & Kegan Paul
Lortie, D.C.（1975）*Schoolteacher*, The University of Chicago Press

第Ⅲ部 教員として生きる

第7章
教員として働く

1 身分と服務

　本章でいう「身分」とは,「その人が属する社会における地位や資格」,あるいは,「法律が規定する関係としての地位」という意味で用いている。教員の身分と服務について述べる場合には,公立学校教員と国立・私立学校教員の異同に留意する必要がある。教員の身分と使命に関しては,教育基本法（2006年12月改正法；以下,現行教基法）第6条と,全面改正前の教基法（以下,1947教基法）では表7.1のように規定されていた。

　「法律に定める学校」,すなわち,学校教育法第1条に規定する学校（以下,1条校）が「公の性質を有する」ことは,全面改正前も改正後も変わりはない。

表7.1　教員の身分と使命に関する規定の比較

現行教基法	1947教基法
（学校教育） 第6条　法律に定める学校は,公の性質を有するものであって,国,地方公共団体及び法律に定める法人のみが,これを設置することができる。　2項〈省略〉 （教員） 第9条　法律に定める学校の教員は,自己の崇高な使命を深く自覚し,絶えず研究と修養に励み,その職責の遂行に努めなければならない。 2項　前項の教員については,その使命と職責の重要性にかんがみ,その身分は尊重され,待遇の適正が期せられるとともに,養成と研修の充実が図られなければならない。	（学校教育） 第6条　法律に定める学校は,公の性質を有するものであって,国又は地方公共団体の外,法律に定める法人のみが,これを設置することができる。 2項　法律に定める学校の教員は,全体の奉仕者であって,自己の使命を自覚し,その職責の遂行に努めなければならない。このためには,教員の身分は尊重され,その待遇の適正が期せられなければならない。

しかし，学校教員の身分にかかわる重要な変化が生じている。それは，「全体の奉仕者であって」の有無である。1947教基法では，1条校の教員は，国立・公立・私立を問わず「全体の奉仕者」として位置づけられていた（第6条2項）。削除した理由は，「『全体の奉仕者』は，……『公務員』を想起させる文言である」からであるが，「学校教育が『公の性質』をもつものであることに変わりはなく（新法第6条），教員の職務の公共性は従来と変わるものではない。今回の改正において『崇高な使命』と規定したのはこのような観点を踏まえたものである」と述べている（教育基本法研究会編　2007）。

　しかし，私立学校も公教育であることが自明のことであれば，あえて，1947教基法から「全体の奉仕者」を削除する必要があったのだろうか。また，「崇高な使命」は，諸権利に無自覚な「聖職者」教師像が想起されなくもないのであり，「職務の公共性」とは異なる意味合いをもつのではないだろうか。

（1）公立学校教員の身分と服務

　初等・中等教育教員の多数（約90％）を占める公立学校教員は，地方公務員としての身分を有するとともに教育公務員としての身分も有する。

　「服務」とは，「職務を遂行するにあたって守るべき義務や規律」のことであり，公立学校教員の場合には地方公務員法（以下，地公法）第3章第6節「服務」（主に，第30～38条）に規定されている。第30条〈服務の根本基準〉，第31条〈服務の宣誓〉，第32条〈法令等及び上司の職務上の命令に従う義務〉，第33条〈信用失墜行為の禁止〉，第34条〈秘密を守る義務〉，第35条〈職務に専念する義務〉，第36条〈政治的行為の制限〉，第37条〈争議行為等の禁止〉，第38条〈営利企業への従事等の制限〉である。

　ここで留意すべきことは，次の3つのことである。第一に，第31・32・35条は「職務上の義務」であり，第33・34・36・37・38条は「身分上の義務」である。前者は，職務遂行に伴う義務であり，後者は，職務遂行時間内外において，公務員としての身分に伴う義務である。

　第二に，第36条の「政治的行為の制限」については，教育公務員特例法

（以下，教特法）第18条〈公立学校の教育公務員の政治的行為の制限〉により，「地方公務員法第36条の規定にかかわらず，国家公務員の例による」と規定されている。すなわち，一般の地方公務員の場合は，地公法第36条により，政治的行為の制限は基本的に勤務する自治体の管轄内であるが，教育公務員の場合には，国家公務員と同様に全国的に制限されるのである。しかし，国家公務員法（以下，国公法）の罰則規定は適用されない（教特法第18条第2項）。

第三に，第38条〈営利企業への従事等の制限〉については，教特法第17条〈兼職及び他の事業等の従事〉において，「本務の遂行に支障がないと任命権者において認める場合には」，「給与を受け，又は受けないで，その職を兼ね，又はその事業若しくは事務に従事することができる」と規定されており，一般の地方公務員と比べて兼職・兼業についての制約が緩やかになっている。

（2）国立・私立学校教員の身分と服務

国立学校教員と私立学校教員は，それぞれ国立大学法人，学校法人の被雇用者である。前者は国立大学法人化以前（2004年3月まで）には国公法と教特法に規定されていたが，現在は，この2法の対象外であり，各国立大学法人が定める就業規則に服務規程が存在する。同様に，私立学校には学校法人が定める就業規則に服務規定が存在する。また，公立学校教員と最も大きく異なるのは，公立学校教員の場合には地公法第38条により禁止されている「争議行為等」が，国立・私立学校教員の場合には禁止も制限もされておらず，一般の労働者と同様に労働三権（団結権，団体交渉権，団体行動権）がすべて保障されていることである。それに対して，公立学校教員の場合には，団結権が認められているのみである。

「政治的行為の制限」については，公立学校教員の場合よりは緩やかであるが，国立・私立学校教員も現行教基法第14条第2項の規定に制約されている。ただし，同法第14条の根幹は，第1項に規定される「政治的教養は，教育上尊重されなければならない」であって，第2項を過度に強調することにより，第14条の主旨（政治的教養の尊重）が損なわれてはならない。また，第2項の

主語は「法律に定める学校」であり，典型的には，学校ぐるみで特定政党を支持したり，特定政党の支部を敷地内におくなどの行為が禁止されているのである。さらに，国立・公立・私立を問わず，学校長や教員には公職選挙法第137条〈教育者の地位利用の選挙運動の禁止〉が適用されるので注意しておこう。

2 研 修

(1) 研修の権利と義務

本章5で述べる「教員の地位に関する勧告」[1]によると，教員の仕事は「専門職とみなされる」。その仕事は「きびしい不断の研究を通じて獲得され，かつ，維持される専門的知識および特別の技能を教員に要求する公共の役務の一形態」であるから，絶えず自己の力量を教員生活の生涯にわたって向上させる営みが必要であり，それが研修（研究と修養：study and self-improvement）である。その機会を保障するために教特法研修条項（旧第3章第19・20条。現在は第4章第21・22条）が存在する。第21条第1項で，教育公務員に研究と修養に努める義務を課し，第2項で任命権者に対して研修条件整備義務を課し，第22条第1項で研修の機会保障を義務づけ，第2項では「勤務時間内校外自主研修」を認め，第3項では現職教員の長期派遣研修を規定している（表7.2）。

表7.2 教特法における研修条項

第4章 研修 （研修） 第21条 教育公務員は，その職責を遂行するために，絶えず研究と修養に努めなければならない。 　2 教育公務員の任命権者は，教育公務員の研修について，それに要する施設，研修を奨励するための方途その他研修に関する計画を樹立し，その実施に努めなければばらない。 （研修の機会） 第22条 教育公務員には，研修を受ける機会が与えられなければならない。 　2 教員は，授業に支障のない限り，本属長の承認を受けて，勤務場所を離れて研修を行うことができる。 　3 教育公務員は，任命権者の定めるところにより，現職のままで，長期にわたる研修を受けることができる。

研修は「権利」なのか「義務」なのか，議論されることがある。筆者は，研修は児童・生徒とその保護者に対する「義務」であり，教育行政機関や管理職に対する「権利」であると考えている。なお，研修については，本書第1章5「教員としての成長と研修」を参照されたい。

（2）文部科学省などの解釈（行政解釈）と運用実態

教特法が公布・施行されたのは1949年1月である。1950年代は教員が自主的に行う研修が中心であったが，1960年ごろから，文部省・文部科学省（以下，文科省）や教育委員会主催の研修会（行政研修会）が増加し，1989年度以降は初任者研修，2003年度からは10年経験者研修が法定研修として実施されている[2]。また，2008年度からは指導改善研修が法定研修に加わった。

1964年には，「勤務時間内校外自主研修」にかかわる教特法第20条（現第22条）第2項についての解釈を，いわゆる「研修3分類説」に大きく転換した。これは教員研修を，①勤務時間外に教員が自主的に行う研修，②勤務時間内に職務専念義務を免除されて（いわゆる職専免）行う研修，③職務命令による研修の3つの形態に分類する考え方である。すなわち，③だけが職務としての研修であり，②が教特法第22条第2項が適用される研修であると解釈する。

文部省・文科省は，1964年以来，今日までこの解釈を継続している。また，②の研修に関する1990年代以降の判例は，校園長に承認についてほぼ無限定の裁量権を認めており，第22条第2項の存在意義を否定しかねない状況が生れている。すなわち，従来の「授業・校務への支障」「研修としてふさわしい内容」などの基準に加えて，当該研修に「緊急性があるかどうか」，また学校を不在にすることにより「支障が生じるおそれがないとはいえない」と「漠然たる支障の可能性」を校外研修不承認の理由として認める判決が出されている。

かつて夏休みなどの長期休業中の学校には，児童・生徒はもちろん教職員もまばらで閑散とした状況であった。しかし，近年は授業がない時期にも多くの教員の姿が学校で見られることが多い。これは，直接的には，2002年7月4日付「夏季休業期間等における公立学校の教育職員の勤務管理について」と題

する初等中等教育企画課長通知が出されたことによる。同通知以降，勤務場所以外での研修が厳しく制約されるようになった。研修と休暇・休日との混同については改めねばならないが，それを超えた制約が強まっている。長期休業中は第22条第2項を活用しておおいに研修に努めたい。もちろん，自主的研修だけでは欠落する領域があるから，行政研修会はそれを補完する意義を有している。緊急の課題が出現することもあるだろう。ただし，そのような行政研修会においても研究の場に相応しい自由な議論が保障されねばならない。

(3)「勤務時間内校外自主研修」
①「勤務時間内校外自主研修」機会の取得手続き
　夏休みなどの長期休業中や課業中の勤務時間内に勤務場所を離れて研修を行う場合は，教特法第22条第2項に基づいて「研修願い」（書式は多様）を校園長に提出する。前述のように，行政解釈は校園長に広範な裁量権を与えているので，「授業」への明確な支障がなくても，「支障が生じる恐れがないとはいえない」という理由で不承認とされることがある。筆者は，「授業」への支障だけではなく「校務の円滑な運営」をも考慮して第22条第2項を運用すべきだと考えている。それは，校園長が，「授業」と「授業」以外の生徒指導などの教育活動や職員会議などの校務に明白な支障がなければ，勤務時間内校外自主研修機会を保障するという立法趣旨を貫くことを大前提としているのである。
②研修計画書・報告書の提出
　教職員組合などのなかには，教特法には計画書・報告書に関する規定がないことを根拠としてその提出を否定したり，消極的に捉える見解がある。しかし，校園長は服務監督の権限と責任を有しているのであるから，研修計画・報告を把握することは研修の場所・概要などの事実を確認するかぎりにおいて認められる。また，研修の義務は学習権の主体者である児童・生徒とその保護者に対して負うものであるから，校園長よりもむしろ彼らに対する計画書・報告書と位置づけることが大事である。児童・生徒と保護者に対して積極的に教員研修を開き，その成果を学習権保障に結実させる多様な取り組みが考案され実施さ

れることが求められている。ただし，日本の教員の長時間過密労働の現実は，計画書・報告者を提出しなければならぬのなら，研修申請はせず余っている（普段取得できない）年休を行使することになりがちである。

（4）「専門職」にふさわしい研修とは

「専門職」にふさわしい教員研修としていくために大切な事柄を確認しておこう。第一に，最も大事なことは，教特法が「教員擁護の規定」[3]として制定され，教員研修を奨励・支援するために研修条項が設けられた趣旨に基づく運用を行うことである。第二に，「研修」とは「研究と修養」を縮めた言葉であるから，「研修」は「受ける」ものではなく「行う」ものである。正確には「研修の機会を受ける（与えられる）」のである。また，文科省や教育委員会は「研修会を行う（開催する）」のであり「研修を行う」のではない。「研修を行う」のは教員自身である。この点は，教員研修の本質にかかわる問題である。そして，これは，教特法公布・施行の当初から研修条項に内在する混乱である。第三に，教員研修の「3つの原理」に則ることである。その1つ目は，「自由性の原理」である。これは，研修課題・機関は自由であり，研修内容を教育政策の枠内や担当教科・生徒指導・道徳教育などに狭く限定しないことである。2つ目は，「機会均等性」の原理であり，研修機会はすべての教員に開かれたものでなければならない。将来的には，10年程度の勤務年数により希望する者に対して，1～2年間の長期研修機会を附与する制度の創設が望まれる。3つ目は，「職務性の公認」の原理である。教員にとって研修は職責遂行のために必須の営みであるから，基本的には職務としての位置づけがなされるべきである[4]。第四に，研修成果を子どもや保護者，同僚教員に還元することである。学校や地域に適した方法での研修課題・成果の公開が求められている。

（5）「学び続ける教員像」（2012年8月中教審答申）への期待と危惧

2012年8月28日の中央教育審議会答申「教職生活の全体を通じた教員の資質能力の総合的な向上方策について」（以下，2012年答申）はその冒頭において，

「教員が探究力を持ち，学び続ける存在であることが不可欠である（「学び続ける教員像」の確立）」と述べている。この点は，2015年12月21日の中教審答申「これからの学校教育を担う教員の資質能力の向上について〜学び合い，高め合う教員育成コミュニティの構築に向けて〜」（以下，2015年答申）においても継承されている。しかし，中教審答申は，教員が「学び続ける」ことを妨げている要因が何かを明確にし，改善を提言することにおいてきわめて不十分である。「学び続ける教員像」の形成を阻害してきたものは何であったのかに関する厳しい考察なくして，「学び続ける教員像」は形成されないだろう。

（6）2016年教特法改正の要点と問題点

2015年答申に基づき，2016年11月に教特法等の一部を改正する法律案が可決成立し，2017年4月1日に施行された。主な改正点は，第一に，校長・教員の資質の向上に関する指標の全国的整備と協議会（第22条の二，三，第22条の五），第二に，10年経験者研修の見直し（中堅教諭等資質向上研修，第24条）である。これらの法改正が教員研修にとってどのような影響を与えるのか，即断は慎まねばならないが，「資質の向上に関する指標」が細かく「求められる教員像」を規定することにより，画一的教員像が形成されることにならぬように留意したい。また，指標が一般的目標として活用される可能性はあるが，教員としての成長は，一律の指標策定にはなじみにくいことには留意したい。

3 生活と健康

日本の学校教員が長時間労働に従事し，心身ともに健康が蝕まれていることは，本書第4章「教員の日々」において具体的に述べているとおり，きわめて深刻な問題となっている。本章では，主に法制的側面から考察してみよう。

（1）長時間過密労働

長時間労働の実態については大規模な調査がいくつかあるが，本章では，文科省が2016年度に実施した教員勤務実態調査の結果をみておこう。2006年度

調査のときも，教員の長時間勤務が浮き彫りになったが，そのときと比べてさらに悪化している。2016年度調査では，公立小中学校教諭の1日当たりの学校内勤務時間が，2006年度調査と比べて，小学校で43分，中学校で32分増加し，前者は11時間15分，後者は11時間32分勤務しているという結果であった。労災認定基準として用いられている時間外労働の「過労死ライン」は1カ月100時間，または2～6カ月の月平均が80時間である。今回の調査結果では，小学校教諭の17％と中学校教諭の41％が1カ月100時間以上，前者の34％と後者の58％が2～6カ月の月平均が80時間以上である。中学校では，土日の部活動指導時間が一日当たり130分となっている。これは10年前の約2倍である。1週間当たりの学校内総勤務時間は，小学校で57時間25分であり10年前から4時間強の増加である。中学校では63時間18分であり，10年前より5時間強の増加である。これに持ち帰り業務が，平日は小学校の場合29分，中学校は20分，土日は前者が1時間8分，後者が1時間10分加わる。なお，OECD国際教員指導環境調査（2013年調査）によると，調査参加国平均と比べて，1週間当たり15.6時間長いという異常な長時間労働が明白になった。とくに，課外活動（主に部活動である）の指導に充てる時間が長いことが日本の特色である。

（2）心身の健康を崩す教員たち

　文科省「公立学校教職員の人事行政状況調査」の休職者総数からは，2つの特徴を指摘することができる。第一に，病気休職者総数は，1980～1983年度までは4000人を超え，その後，1990年代半ばまでは3500名から4000名の間で推移していた。しかし，1997年度に再び4000人を超えると年々増加し，2010年度8660人とピークに達したのち，8000人を超える水準を維持している。第二に，その増加の大部分は精神的疾患によるものである。なお，2015年度には7954人となり8000人を下回った。精神性疾患による休職者数も2009年度の5458名以降は漸減しているが，2015年度でも5000名を超えている。

（3）教員の長時間過密労働深刻化の要因

長時間過密労働の改善については，近年は文科省や都道府県教育委員会もノー残業デー，ノー部活デー，などの負担軽減策を提起し，メンタルヘルスについても重視するようになってきた。2017年末には，文科大臣が「学校における働き方改革に関する緊急対策」を決定し発表した。また，文科大臣からの諮問に対して，中教審は，2019年1月25日に「新しい時代の教育に向けた持続可能な学校指導・運営体制の構築のための学校における働き方改革に関する総合的な方策について」と題する答申を提出した。答申では，具体的改善策として，文科省作成の勤務時間上限ガイドライン（月45時間，年360時間など）の実効性向上や部活動指導員・指導支援スタッフ・補助業務サポートスタッフ・理科観察実験補助員の配置促進などを提言しているが，教職員定数の抜本的改善についてはなんら言及していない。また，過労死ラインを多くの教員が越えている実態の下で，「1年単位の変形労働時間制の導入」（学期中の所定労働時間を長くし，長期休業中は短くする）を提言しているが，これは見かけ上の時間外勤務を減少させるだけである。さらに，予算を伴う教育条件整備ではなく，教員の意識「改革」，自己責任論により長時間過密労働を改善しようとする傾向が顕著である。これでは前述の「緊急対策」と大差ない「小手先」の対策であると言わざるをえない。

21世紀に入ってからの教育政策は，法律改正による少人数学級推進や教職員定数の増加がほとんど行われないままに，相次ぐ「教育改革」と称する施策によって，業務量が増大し，その質が難化してきたのである。

教員の勤務状態を抜本的に改善するには，第一に，法律に基づく少人数学級の推進と学級当たりの正規教員数の飛躍的増大，第二に，無定量の労働を放置する原因となっている公立の義務教育諸学校等の教育職員の給与等に関する特別措置法（1971年5月公布，1972年1月施行；以下，給特法）を廃止または改正することが肝要であるが，ほとんど改善されていない。逆に，前者については，21世紀はじめからのさまざまな法制度の改変が負の影響を与えている（表7.3）。

表7.3 教職員定数に関する法制度の改変

① 2001年に野党3党が提出した「30人学級法案」を否決し，文科省は第7次定数改善計画（2001〜2005年度）のなかでT.Tあるいは少人数授業（習熟度別中心）を推進した。
② 2001年に①と同じ国会で義務教育標準法[5]第17条と高校標準法[6]第23条改正。非正規教員何人か分の勤務時間の合計が38時間45分（現在）になれば，それで正規教員一人分の定数に換算できる，いわゆる「定数崩し」を合法化した。第17条第1項は，再任用短時間勤務者についてであり，第2項は非常勤講師についての規定である。高校標準法も同時に改正され，第23条が同旨の規定である。
③ 2004年度に総額裁量制が導入された。これは，国から都道府県への補助金[7]を都道府県の裁量で自由に使ってよいことにした。すなわち，教員の平均給与を減額して教員数を増やしてもよいということである。
④ 2006年度から③に記述した国庫補助金が3分の1に減額され，都道府県の負担が増大した（一般財源化）。
⑤ 2006年に公布・施行された行政改革推進法では，その第55条（地方公務員の職員数の純減）第3項において，「政府及び地方公共団体は，公立学校の教職員……その他の職員の総数について，児童及び生徒の減少に見合う数を上回る数の純減をさせるため必要な措置を講ずるものとする」と規定した。
⑥ 前記⑤を直接的要因として，文科省が策定した第8次定数改善計画（2006〜2010年度）は凍結された。その後，現在まで，定数改善計画がなく，不安定な加配に頼っている。

　この20年近くの後退に次ぐ後退のなかで，ささやかな前進は，小学校1年生のみではあるが31年ぶりに学級編制の標準を35人に切り下げた2011年の義務教育標準法改正であった。それ以外にしいて改善といえるものとしては，2017年に「加配定数の基礎定数化」を行った同法第7条の改正がある。これは，「障害に応じた特別の指導（通級による指導）」「日本語能力に課題のある児童生徒への指導」「初任者研修」「少人数指導の推進」のための基礎定数化である。

　きわめて深刻なことは，表7.3の①〜⑥の諸要因により，教員定数に占める非正規教員比率が増大していることである。やや古い統計であるが，2012年度における非正規教員の状況は，定数ベースでは8.3％（臨時的任用7.1％，非常勤1.2％）である。2012年度の正規教員は定数ベースで93.1％でしかない。このように，非正規教員に依存することが慢性的になるなかで，近年では，産

休・育休代替の教員や病気休職者の代替教員を確保できない事態が起こっている。

　教職員の長時間過密労働と疲弊は決して自然現象ではない。複雑な要因が複合的に存在しているが，少なくとも，GDP比公財政教育支出をOECD諸国平均並みに維持する政策を実現し[8]，教職員数を大幅に増加させておれば，早期退職や病気休職に追い込まれる教員数は大きく減少していたことであろう。

（4）公務災害認定訴訟

　教員が疲労自死したり後遺障害が残るような甚大な疾患に見舞われても，民間企業に勤務する者が労災認定されるむずかしさ以上に，公務災害として認定されることは，長年にわたり困難であった。その最大の理由は，給特法により，公立学校教員には，4つの場合を除いては超過勤務は存在しないことになっているからである。給特法第6条では，超過勤務をさせることができるのは政令による場合のみとしており，これが，いわゆる「超勤4項目」[9]である。

　第二の理由は，いわゆる「個体の脆弱性への帰責論」や本人の持病論である。つまり，「同じような困難な状況にあっても，多くの人はうつ病を発症しないのであり，個人の弱さに起因するものだ」という考えであり，倒れたのは，死亡したのは，自死したのは，本人の弱さや持病のせいであるというのである。

　近年になって，病気休職・退職，あるいは自死を選んだ教員について，その原因が公務にあると認定されることがようやく進みつつある。この状況を切り拓いてきたのは，田村友子さんや木村百合子さん，鳥居建仁さんなどの被災事件にかかわって本人や遺族が起こした公務災害認定訴訟である[10]。いずれも，公立学校教員であるから，各県の地方公務員災害補償基金に公務災害を申請したが，「公務外」と裁定され，不服申し立てをするがこれも却下された。それで裁判所に訴え，長期にわたる審理の結果，公務災害と認定されたものである。

4　教職員組合

　日本最初の教員組合は，平凡社を創設した下中弥三郎が主宰する啓明会

(1919年創設)であったといわれるが，21世紀の今日につながる教員組合は，やはり，第二次世界大戦後にその起源を求めることが適切であろう。また，本節では，事務職員や校務員など学校職員も含む概念である「教職員組合」と表記する。簡潔に述べると，教員の生活保障のために敗戦後結成された全日本教員組合協議会，教員組合全国連盟，全国大学高専教職員組合協議会が合体して，1947年6月に日本教職員組合(以下，日教組)が結成された。その後，1980年代に労働組合のナショナルセンター問題を軸に内部で激しい対立が起こり，1989年に一部組織が脱退して全日本教職員組合(以下，全教)が結成された。

　1950年代前半には，日教組の指導層は主に校長層であったが，1956年の地方教育行政法による公選制教育委員会から任命制教育委員会への改変とそれに伴う勤務評定導入を契機として，校長層が組合から離脱した。その後，今日に至るまで教職員組合が有する役割の重要性にもかかわらず，教職員組合加入者の比率は低下しつつある。1960年ころまでは80％を超え，1980年代半ばでも50％を超えていた日教組への加入率が大きく落ち込んでいる。文科省が発表している「教職員団体への加入状況について」によると，日教組と全教を合わせても，2016年10月1日現在で，その加入率は教員総数(大学・高専を除く常勤の公立学校教員)の32％程度である(教職員総数の28％程度)。このことは文科省の教育政策を全国的に徹底させやすい反面，日本の学校教育の困難や子どもの成長発達における困難を深めている側面もあるのではないだろうか。

(1) 教職員組合の実像
①教職員組合とは
　「教員組合」ではなく「教職員組合」であるから，教員以外に事務職員や栄養職員，学校図書館職員，校務員など学校で働く多職種の人たちにより構成される組合である。任命権者や地域・校種により構成員もさまざまであり，歴史的な経緯も多様なために，読者が出会う教職員組合は多様な姿をみせることだろう。本章では筆者が高校教員として体験した組合を中心に述べることにする。
　第一に，困っている人がいたらほっておかない。子どもの病気や親の介護の

ために年休が足りずに困っている人，自身が病弱で困っている人，前歴換算が適正に行われているか不審に思っている人，セクハラやパワハラを受けて困っている人，不安定な非正規雇用の人など，自分だけでは解決できずに途方に暮れている人に手を差し伸べる組織である。

　第二に，教職員の勤務条件改善と児童・生徒の学習権保障を一体となって実現することをめざす組織である。疲労困憊した教員が，子どもの声やSOSを受け止めることはできない。授業準備が十分にできなければ，授業は底の浅いものになるだろう。勤務条件改善は学習権保障と密接に結びついている。

　第三に，上記の第二とも密接に関係するが，学校の施設・設備の改善や必要な教職員配置を都道府県・市町村教育委員会，あるいは政府・文科省に求めていく組織である。私立校であれば理事会に要求する組織である。児童・生徒が安全に安心して学校生活を送ることができる環境を整えていく組織である。そのような環境整備は，また教職員自身が働きやすい職場づくりにつながるのである。同じ学校からの要求が校長と教職員組合とで大きく異なっていては，実現の見込みは乏しい。筆者が所属した組合では，各学校において分会が校長と協議して，教育委員会に対してできるだけ共通した要求を提出するように努力してきた。校長などの管理職と教職員組合は「子どもの最善の利益」のためには協働していく関係にある。教育委員会も本来はそうあるべきである。

②**教育研究活動**

　民間教育研究団体や教育委員会・校長が主導する研究会と並んで，日本では教職員組合の教育研究活動が戦後初期より展開され，重要な役割を担ってきた。

　日教組は，教育条件整備のみではなく，日本社会の主権者としての民主的市民を育てることをめざし，そのための教育内容について自ら研究する機会を発足数年後に設立した。それが，1951年11月，栃木県日光市での第1回全国教育研究大会以来，今日まで続いている教育研究全国集会（以下，全国教研）である。1990年代からは日教組と全教がそれぞれ中心的開催団体となるものに分かれたが，教職員の日常的な研究活動の集大成としての全国教研の存在は重要である。すなわち，全国教研までに，各学校での教育研究集会，市町村段階

での集会，都道府県段階での集会が重ねられているのである。組織的，継続的に研究活動を持続させるうえでの全国教研の意義は大きい。

③公立学校と私立学校の教職員組合のちがい

教職員組合としての意義は同じであるが，法律上の位置づけは公立学校と私立学校とでは異なる（「第1節 身分と服務」参照）。公立学校の場合には法律上は「職員団体」であるが，私立学校では労働組合である。職員団体とは，公務員がその勤務条件の維持改善を図ることを目的として組織する団体またはその連合体をいう。労働組合法の適用を受けず，公務員法制上は「職員団体」と称する。民間の労働組合と比較すると，団体協約（労働協約）の締結権が否定され，争議権が否定されている。民間企業労働者は労働組合法で「労働組合」の，地方公務員たる公立学校の教職員は地方公務員法で「職員団体」の結成が認められており，職員団体も労働組合も憲法第28条の規定に基づいて，自らの勤労条件の維持改善その他経済的地位の向上を図る。

第二次世界大戦後，公務員については，しばらくは労働三権が認められていた。しかし，1948年以後，団体交渉権と争議権が否認され，さらに現行の国公法および地方公務員法では通常の労働組合の結成も否認され，一般の労働組合とは異なる職員団体の制度が設けられている（国家公務員法第108条の二〜第108条の七，地方公務員法第52〜第56条）。警察職員，消防職員，監獄職員，自衛隊員などは職員団体の結成をも禁止されている。

（2）教員の成長と教職員組合

職員会議のときに，校長や年長者も含めた同僚教員の意見に対して，礼節を保ちながら異論を述べる。学校づくりの担い手の1人として，自分の意見を述べ，職員会議などの諸会議で形成された合意には素直に従って教育活動を行う。そのうえで，やはり納得できなければ，会議で意見を述べて，先の合意の変更を試みる。筆者は，この姿勢を初任者のときに先輩の姿から学んだ。職員会議はまさに研修の場であった。そこには，教職員の民主的議論で学校を運営していこうとする教職員組合の存在があった。しかし，教職員組合への加入率が大

きく減少している現在では，職員会議などで意見表明することについて，かつてよりも「勇気」が求められるようになっている。

　日々の教員としての業務のうえに，分会役員や教職員組合の執行委員として活動することは，決して軽い負担ではないが，さまざまな教職員の存在と悩み，そして教育行政の仕組みを学ぶことができる。勤務する学校における教育や校務分掌にとどまらず，視野を広げる重要な学習の場が分会役員や組合執行委員の経験である。

（3）教職員組合の存在意義

　克服すべき課題が山積していることは事実であるが，そのことをもって教職員組合の存在意義は少しも小さくはならない。政府・文科省（旧文部省）が打ち出す教育政策も万全のものはありえず，多様な立場からの批判がされてこそ，政策展開における修正や地域・学校の特性に応じた修正がなされる。それが「子どもの最善の利益」に接近する道である。その集団的意見表明の1つとして教育専門家集団である教職員組合が果たしてきた役割は評価される。また，学校の施設・設備をはじめとした教育条件整備，とくに，学級編制標準の50人から45人，そして40人（さらに，小学校1年生は35人）への切り下げと教職員定数の改善における教職員組合の役割は大きなものがある。教育を受ける権利保障のために，養護学校の義務制実施や障害児教育の進展に果たしてきた役割も小さくない。さらに，全国教研を中核として組織的・継続的取り組みを続けてきた教育研究活動も評価に値する。

　教職員組合と管理職や教育行政機関は，本来，子どもの教育環境整備のために，個別には意見のちがいがあっても全体として協力していくべきである。日本においては歴史的事情から，深刻な対立が事実として存在し，それは今日も克服されていないが，これでよいということではない。本章5で言及するが，国際的合意文書である「教員の地位に関する勧告」でも，教員団体を「教育政策の決定に関与させられるべき勢力として認められるものとする」（第9項）と明記しているのである。

5 教員の地位に関する国際的合意

（１）「教員の地位に関する勧告」（1966年）の意義と特徴

①意　義

ILO・ユネスコの「教員の地位に関する勧告」（以下，「地位勧告」）は，1966年10月に採択された。「地位勧告」成立の意義については，八木英二が2つ指摘している。第一に，勧告ではあるが，「条約に準ずるものとしてILO・ユネスコ両機関の憲章規定がその適用状況に関する定期報告義務を加盟諸国に課し」，「『元の文書（勧告）が拘束的ではないのに報告義務は拘束的という変則的な形』を有する」ことである。さらに，「加盟諸国からの『申し立て』（allegation）をセアート[11]は受け付けて」いる。第二に，「教職専門性と子ども・保護者の諸権利を相互に矛盾させない教育人権の総合的保障の方向が，新たな課題に立ち至っていることである」と述べ，「『地位勧告』とセアートの今日の到達点」は，教師と子ども，親，市民の諸権利の「連帯しうる関係構造のなかで重要な位置を占めるものである」と評価している（八木英二　2017）。

②特　徴

ここではその特徴を6つ指摘しておく。第一に，教育の目的が，「人権および基本的自由に対する深い尊敬を植えつけるもの」（第3項）であると明記した。第二に，「教育の仕事は，専門職とみなされるものとする。教育の仕事は，きびしい不断の研究を通じて獲得され，かつ，維持される専門的知識および特別の技能を教員に要求する公共の役務の一形態」（第6項）であると，教員を専門職と規定した。第三に，「教職にある者は，専門的職務の遂行にあたって学問上の自由を享受するものとする。……教員は，承認された計画の枠内で，かつ，教育当局の援助をうけて，教材の選択および使用，教科書の選択ならびに教育方法の適用にあたって，不可欠の役割を与えられる」（第61項）と規定した。第四に，教員の労働時間に関して，学級規模や授業担当時間数，担当児童生徒数，授業準備時間や研究時間の確保などを考慮すべきこと（第89・90項）を明記した。第五に，教員団体を「教育の進歩に大いに寄与することができ，したがって，教育政策の決定に関与させられるべき勢力として認められる

ものとする」(第9項)と明記した。第六に,教員評価は排除していないが,評価の客観性,本人への公開,異議申し立て権を必須とした(第64項)。

③セアート(CEART)への異議申し立て

日本政府は「地位勧告」の採択には賛成したが,当初から勧告の内容には否定的であった。それは,ILO の関与や労働者性の強調,そして,アカデミックフリーダムに関しても「学問の自由」や教科書選択・作成における教員側の主体的な「参加」をうたっていることなどからであった。また,日教組における「地位勧告」の普及・実質化の取り組みも 1980 年ごろを最後に,ほとんど聞かれなくなった。日本の教育界において,「地位勧告」が忘れ去られようとしているときに,全教が,「指導力不足教員問題」と「新しい教職員評価制度」に関して,2002 年 6 月にセアートに対して「申し立て」(ALLEGATION)を行ったことが,「地位勧告」が再び注目を集める契機となった(巻末資料参照)。

セアートは,2008 年 4 月の来日調査もふまえて,日本における「指導不適切教員」政策や新しい教職員評価制度の導入において,「地位勧告」が遵守されていないとして,勧告の諸規定に合致するよう日本政府に求めた。2008 年 11 月のセアート第 4 次勧告について述べると,その特徴は次の 3 つである(巻末資料参照)。第一に,「教員の自由,創意,責任」の意義が強調され,「指導力不足」教員政策と業績評価制度だけでなく,教員団体との「交渉と協議」に関しても 1966 年規定に則した改善を求めた。第二に,文科省だけではなく教育委員会に対しても勧告した。第三に,改善が進まない原因は「交渉と協議」問題にあると判断し,文科省・教育委員会に対し教職員組合政策の抜本的な転換を求めた。

全教は,2014 年に,「日本における『教員の労働問題』」について新たな申し立てを行った。しかし,日本政府は,セアート勧告は「日本の状況,法律及び政府の講じてきた施策に関する理解が不十分である」こと,「『教員の地位勧告』の精神を尊重しつつ,我が国の現状と法律に適した方法で当該政策を一層推進する」と述べ,セアート勧告に対して,その後も消極的姿勢を続けている。

（2）教員の「ゆとり」を確保するために

「ゆとり」を確保するためには，「地位勧告」第 86 項〈学級規模〉，89 項〈労働時間〉，90 項〈労働時間〉，91 項〈現職教育課程への参加〉，93 項〈授業時間の軽減〉，94 項〈年次有給休暇〉，95 項〈研修休暇〉などの規定を尊重し，これを実現することが重要である。そして，勤務条件とともに，第 6 項の専門職規定に基づく学問の自由を中心とする「職業上の自由」（61～69 項）を実現することが重要である。そのうえで，次のことが直面する課題である。

第一に，少人数学級の推進[12]である。第二に，学級数に乗ずる数[13]の改善である。義務教育標準法では，公立義務教育諸学校への教員配当のおおよその基準は，小学校の場合は学級数の約 1.2 倍，中学校は学級数の約 1.6 倍（副校長や教頭を含む）であるとみておけばよい。この学級数に乗ずる数を，たとえば，小学校の場合には 1.6（中学校は 2.0）に引き上げれば，複数以上数名の専科教員を小学校に配置することが可能になり，教員にゆとりが生まれる。第三に，学級担任は基本的に正規教員（教諭）に限る規定の新設である。義務教育標準法第 7 条に基づき算定される定数は，教諭だけではなく，副校長，教頭をはじめとして講師まで含む数であり，これが 21 世紀に入ってから「定数内講師」を大量に生み出す法的要因となっている。第四に，私立（国立）学校の場合には，学校設置基準（小・中は第 4 条，高は第 7 条）の改正を検討する必要があるだろう。1 つは，「40 人以下」から「35 人または 30 人以下」への切下げであり，もう 1 つは，「ただし，特別の事情があり，かつ，教育上支障がない場合は，この限りでない」という但し書きを削除することである。また，小学校設置基準，中学校設置基準の第 6 条〈教諭の数等〉の改正も検討されねばならない（高等学校設置基準では第 8 条）。第 1 項では，「主幹教諭，指導教諭及び教諭の数は，1 学級当たり 1 人以上とする」と規定しているが，第 2 項で「校長，副校長若しくは教頭が兼ね，又は助教諭若しくは講師をもって代えることができる」と，教諭を助教諭・講師等で代替する抜け道が用意されている。

当然ながら，これらの改善には財政的措置が必要であり，日本の公財政教育支出を，少なくとも OECD 諸国の平均並みに引き上げることが肝要である。

> **深い学びのための課題**
> 1．「教員の地位に関する勧告」（1966年採択）を学習し，そこで規定されていることと日本の教員の実態との差異，そしてその理由を考えてみよう。
> 2．教員が自らの健康や家庭生活を大事にし，また，自らを豊かにする文化を吸収しながら，児童・生徒の「最善の利益」に接近する教育実践を行うためには，何をどのように改善していくことが求められているのだろうか。

注
1) ユネスコがパリで開催した特別政府間会議において，1966年10月5日に採択された。
2) 2016年の臨時国会での教特法改正により，「10年経験者研修」は「中堅教諭等資質向上研修」に変更された。この教特法改正については後述する。
3) 第4回国会における辻田力文部省調査局長の答弁。
4) しかし，現在の実践上の争点は，職務か職務専念義務免除かにあるのではない。
5) 正式名称は，「公立義務教育諸学校の学級編制及び教職員定数の標準に関する法律」。
6) 正式名称は，「公立高等学校の適正配置及び教職員定数の標準等に関する法律」。
7) 義務教育標準法に基づいて算定した定数分の教職員給与費の2分の1。
8) OECD『図表でみる教育』（2014年版）によると，2011年における全教育段階での対GDP比公財政教育支出は日本が3.8％，OECD諸国平均は5.6％（機関補助と個人補助を合わせた数値）。GDPの総額はおおよそ500兆円と考えれば，大まかな教育支出額がわかる。
9) ①校外実習その他生徒の実習，②修学旅行その他学校行事，③職員会議，④非常災害，児童・生徒の指導に関し緊急の措置を必要とする場合その他やむを得ない場合，である。
10) 田村友子さん（堺市の中学校教員。うつ病で自殺）、尾崎善子さん（静岡県小笠郡の小学校教員。うつ病で自殺）、船越賀代子さん（兵庫県の小学校教員。クモ膜下出血で四肢麻痺などの後遺症）、木村百合子さん（静岡県の小学校初任者教員。うつ病で自殺）、鳥居建仁さん（愛知県の中学校教員。脳出血で，後遺症）らの被災事件。久冨善之・佐藤博『新採教師の死が遺したもの―法廷で問われた教育現場の過酷』（高文研，2012年）や杉林信由紀「鳥居建仁先生の公務災害認定裁判を振り返って」『季刊教育法』第189号，54-59頁（エイデル研究所，2016年6月）などを参照されたい。
11) 教員の地位勧告の適用に関するILO・ユネスコ共同専門家委員会（The Committee of Experts on the Application of the Recommendation concerning Teachers）。ILO理事会とユネスコ執行委員会双方の決定により1967年に設置された。CEARTはILO及びユネスコ両執行機関によって，1966年の「ILO・ユネスコ教員の地位に関する勧告」および1997年の「ユネスコ高等教育教員の地位に関する勧告」という2つの教員に関する国際勧告の適用を監視し，促進する権限を委任されている。
12) 義務教育標準法の改正。たとえば，小学校1年生は現行1学級35人→30人→25人，その他40人→35人→30人にするなど。また，複式学級の場合，小16人→12人にする，中8人→6人にする。小1を含む場合は現行8人→6人にする。
13) 義務教育標準法第7条の表。

引用・参考文献
久保富三夫（2017）『教員自主研修法制の展開と改革への展望』風間書房
久保富三夫他編（2006）『よくわかる教員研修Q＆A』学文社
田中壮一郎監修・教育基本法研究会編（2007）『逐条解説 改正教育基本法』第一法規，131頁
八木英二（2017）『教育権をめぐる第2次大戦後の国際的合意』三学出版，225-226頁
山﨑準二・矢野博之編（2014）『新・教職入門』学文社

第8章
国家と教員

　学校で働く教員とは一体どのような存在だろうか。この問いに答えるためには，その職務内容や待遇，養成・研修制度，採用のあり方，教員免許状の種類といった複数の観点から教員という存在に迫ることが重要かつ不可欠となる。本書をここまで読み進めてきた読者であれば，これらの観点から学校教員という存在について説明できるだろう。しかし，その説明の「正しさ」は，「現在の日本における教員」に限定されるものも少なくない。つまり，「現在の」という時間的条件を，たとえば「1920年代の」「1980年代の」と変えたり，「日本における」という空間的条件を，「アメリカにおける」「中国における」というふうに変えると，その説明がもつ説得性と妥当性がたちまち低下してしまうことがある。なぜなら，教員の職務や待遇，養成・研修の制度，採用のあり方，教員免許状の種類といったものは，時代や場所によって異なるからだ。

　もちろん，現在の日本の状況に限定して教員の姿を捉えることには意義があり，学校教育関係者（今後，関係者になる予定の者）であれば，むしろ教員をめぐる現況に精通しておかねばならないだろう。しかし，教員という存在の本質についてさらに追究するためには，現行の制度や実態およびその問題について把握するのみならず，時間的・空間的条件を変えた検討を行うことによってみえてくる教員という職業にかかわる普遍性にも着目することが必要だろう。教員がどのような存在なのかということについて語るとき，「現在の日本における教員」だけをイメージして語ることと，時間・空間の変化をも考慮しつつ語ることには大きなちがいがある。少なくとも，教員についての自らの説明がどのような限定を伴うものであるのかに自覚的でなければ，学校の教員をめぐる語りはきわめて浅薄なものとなってしまうだろう。教員という存在について洞察するためには，今自分がおかれている環境から少し視点をずらしてみること

も重要である。

以上のことをふまえたうえで本章では,おもに国家との関係性という視座から時代のなかで生きる職業人としての教員の姿に着目する。そのことにより,社会の編成原理のなかで教員という職業を捉え,そのあり方について考えるための手がかりを示したい。

以下,本章の見取り図を描くつもりで,各節の内容を簡潔に述べる。

まず, 1 では,教員の国家への制度的従属性について説明する。簡単にいえば,学校で働く教員は,「そもそも国家と無関係には存在しえず,また,その制約から完全に自由であることもできない」ということについて説明する。その際,近代以降の学校教育がどのように成立してきたのかという歴史の話と関連づけながら説明する。

つぎに 2 では,「そうは言っても,教員たちは国家に求められる役割に従順な集団としてのみ存在してきたわけではない」ということを歴史的事実に即して示す。その際,日本の植民地であった時期の朝鮮半島における教員たちの実態を事例として取り上げる。

最後に 3 で,「では,国家と教員はどのような関係なのだろうか」ということに少し踏み込み,読者が教員という存在について改めて考えるきっかけとしたい。

1 学校教育を担う職業人としての教員の誕生

(1) 近代国家形成期の産物

冒頭でもふれた,「学校で働く教員とは一体どのような存在だろうか」という素朴な問いが投げかけられるのは,教員が1つの職業として定着した社会においては稀である。仮に問われたとしても,よほど学校教育のことについて普段から考えたり学んだりしていないかぎり,問いそのものが曖昧なため返答に窮したり,個人の経験やイメージに基づいた各人各様の答えを返すことになるだろう。また,各人各様の返答のなかでどのような答えが正しいか,誤りかといった判断も困難だ。

しかし，歴史的にみれば学校の教員という存在については，少なくとも次のような確固たる事実の指摘が可能である。それは，"学校教員とは，近代国家形成期に産み出された職業人およびその集団のことであり，その社会で整備された養成制度の下で教育を受け，公教育の実践者としての役割を担う"というものである。つまり教員とは，何もないところから自然発生的に出現したものではなく，歴史のなかで人為的につくり出された存在なのである。本書は教育史のテキストではないが，こうした捉え方についての理解を図るためにも，学校教育そのものが近代国家形成期の産物であるということについて若干ふれておきたい。

　近代国家を形成し，維持するためにまず必要とされたことは何であったか。それは，共通の言語たる「国語」の確定と普及，すなわち言語の標準化であった[1]。なぜなら，そのことによって国家の公的な記録の作成・管理・継承が可能になるばかりでなく，「国語」を使用する人々の国民意識を醸成することができ，また，近代国家とは不可分であった軍隊での意思疎通が可能となるからだ。そして，この近代国家の形成と維持に不可欠であった標準化された言語，すなわち「国語」の各地への普及を担うものとして登場したのが学校教育であった。

　さらに，「国語」を普及させるための教育だけでなく，統一的な歴史教育や地理教育，規律の身体化を促す体育や儀式等が加わることにより，学校教育は国民化プロセスの進行を図るものとして機能することとなる。つまり，学校教育は，ベネディクト・アンダーソン（Benedict Anderson）のいう「想像の共同体」としての国民（nation）をつくり上げる装置として創出されたのである。こうした学校教育の誕生に伴い，それを担う職業人として登場したのが教員であった。

（2）教員の立場と役割の確定

　学校教育は近代国家の形成とともに誕生し，その維持のために機能するものであったため，その運営は国家が定めたルールの下，計画的かつ組織的に行わ

れた。このことは現代の学校教育においても同様である。むろん，教育という営みそのものは，国家との関係性のなかだけで捉えられるものではなく，もっと広範な関係において成り立つ多様なものである。しかし，制度化された学校教育に限れば，国家と無関係には存在しえず，そこでの実践を担う教員の存在についてもやはり同様である。

　国が教員に求める資質を示すことはそのあらわれであり，たとえば明治期の日本で学校教育の担い手としての教員が誕生した際には，彼らに「順良信愛威重」という「気質」が求められた。これは，1886年の「師範学校令」に示されたものである[2]。前述のように，近代学校教育制度は国家の形成とその維持を1つの重要な目的として構築されたものであるがゆえに，学校で働く教員に求められる資質もそうした目的から逸脱するものではなく，また，可変的である。つまり，ある時間的・空間的な「点」において求められる資質は，その時間と空間に変化が生じると，それに伴って変わるものである。「子どものことが好きである」とか，「教育者としての使命感に溢れる」といった一見，普遍的な教員の資質に思えるものであっても決してその例外ではない。1997年の教育職員養成審議会第一次答申では，「いつの時代にも求められる資質能力」として，「教育者としての使命感，人間の成長・発達についての深い理解，幼児・児童・生徒に対する教育的愛情，教科等に関する専門的知識，広く豊かな教養，これらを基盤とした実践的指導力等」（教育職員養成審議会 1997）を明示しているが，厳密にいえば，これらの「資質能力」についても時間的・空間的条件によって，その必要性や重要度は変化するものといえる。

　国家との関係性という話からは多少ずれるが，現在，日本の公立学校教員の採用に際しては，各自治体が「求める教師像」といったものを示し，それに適う人間が採用されるというかたちをとっている。そして，それぞれに示される「求める教師像」の中身は，同時代のものであるがゆえに，緩やかな共通性をもつものの，やはり場所によって異なっている。すなわち，近代的な学校教育制度が成立して以降の教員は，その時代，その場所において求められる資質を備えていることが望まれる人々であり，また，国家による教育政策の担い手と

しての役割を果たすべき人々として社会のなかに位置づけることができる。

2　国家の政策意志と個人的志向の相克

　では，実際に学校で働く教員たちは社会のなかで自らがおかれた立場や担うべき役割に従順な集団としてのみ存在してきたのだろうか。換言すれば，教員たちは求められる資質や能力を備え，単に政策の担い手としてのみ存在した人々であったのだろうか。国家権力の一装置として学校教育や教員を位置づけることは容易だが，歴史のなかで生きた教員らの実態に目を向けると，決して単純ではない国家との関係性が浮かび上がる。

　本節では，教育をめぐる国家の政策意志と教員の個人的志向の相克について，具体的な歴史的事実に基づきながらみていきたい。以下，着目するのは，日本の植民地であった時期の朝鮮半島における事例である。突飛な例だと感じる読者がいるかもしれないが，教育をめぐる国家の政策意志と教員の個人的志向の相克について検討するうえでは恰好の事例である。

　植民地期朝鮮の学校には，朝鮮人児童の教育を担った朝鮮人教員と日本人教員が存在しており，個人の経験に着目してみると，それぞれの立場で葛藤をかかえていたケースが少なくない。その諸相について具体的にみてみよう。

（1）植民地期朝鮮における朝鮮人教員

　1910～1945年，日本は朝鮮を植民地として統治したが，その間の学校教育は，1911年に施行された「朝鮮教育令」の規定およびその改訂内容に則って行われた。特徴的な点は，「教育ニ関スル勅語ノ趣旨ニ基キ忠良ナル国民ヲ育成スルコトヲ本義トス」（朝鮮総督府　1911）という原則と，「教育ハ時勢及民度ニ適合セシムル」（同上）という方針の明示であった。すなわち，「朝鮮教育令」では，教育勅語の趣旨に基づいて教育を行い，忠良な国民の育成を図るという，日本「内地」に準ずる教育理念・方針によって朝鮮人の「同化」を図る姿勢が示されつつも，教育の程度・内容は，あくまで朝鮮社会の現状や展望および朝鮮人の「民度」に応じて，日本「内地」とは異なる形で実施すること

を認めるという，「同化」と「排除」の論理に基づいた点が大きな特徴といえる。

そして当然のことながら，こうした状況の下でも現在と同じように学校という場で働く教員たちが存在した。とくに本項で注目したいのは，朝鮮人の子どもたちが通う初等学校に勤務した朝鮮人教員の事例である[3]。

朝鮮人教員らは，教育勅語の趣旨に基づいた日本の教育政策の遂行者としての立場にあると同時に，自分と同じ民族である子どもたちの教育にあたるという立場にあったがゆえ，かれらのなかには，求められる役割と良心との間で葛藤・苦悩した人々がいた。そうした人々の教育活動や振る舞いには，支配と被支配の狭間での揺らぎをみることができる。

帝国日本の教員という立場でありながら，日本語で朝鮮人児童を教育することに強い抵抗感を抱いていた朝鮮人教員のひとりに安炳泰という人物がいる。安は，1936年から初等学校で働いた朝鮮人教員である。当時，彼は紛れもなく日本の植民地教育政策を現場で遂行する立場にあり，朝鮮人の子どもたちに対して日本語で教育を行い，かれらを帝国日本の一員として育成するという役割を担っていた。しかし，安は，「母国の言葉ではない日本語を使って生徒たちに日本人たれという"皇民化"教育を施す苦痛」（安炳泰　2000）を日々感じながら教壇に立っていたと回顧している。自分と同じ民族の子どもたちに対して自らの民族文化や言語，意識の伝承・育成ができないということに良心の呵責や無念さを感じながら，求められる役割に苦悩した朝鮮人教員のひとりである。

ある日，安は朝鮮人児童から，「先生，内地というのはどういう意味ですか」「僕らの祖国はどこなのですか」という質問を受けた。安自身はそうした問いに明確に答えることはなかったが，「それをはぐらかすことは先生にとって本当に辛いことだった」（同上）と当時の心境を語っている。別のある日，同様の質問に対して，1人の若い同僚教員（朝鮮人教員）が，児童たちがおかれている現状を率直に説明し，「内地」＝朝鮮を支配する日本，「祖国」＝朝鮮と答えたところ，不適切な教育活動を行う「不穏分子」とみなされ，学校を追われ

第8章　国家と教員　　155

ることになった。それ以来，残された朝鮮人教員たちは，「必要以上に"爪"を隠すようになった」（同上）という。同僚の朝鮮人教員たちはこの若い教員の勇気を称えると同時に，正直すぎる対応を皮肉り，彼を「祖国さん」と呼んでいたという事実は，朝鮮人教員たちがおかれた複雑な立場と心境を物語っている。

このように安は，同僚の朝鮮人教員が「不穏分子」とみなされ，学校を去ったという経験をしているが，当時の朝鮮における初等学校では，こうした思想問題で教員が学校を去ることは決して珍しいことではなかった。日本の植民地支配からの独立や民族意識の高揚運動など，朝鮮における「不穏思想・活動」にかかわった教員たちが，「治安維持法」違反者として検挙された事実が資料に残されている。

1928年の『朝鮮治安維持法違反調査資料―大正十四年五月十二日施行日より昭和三年二月末日迄確定判決―』には，「治安維持法」違反者の職業について「無職ほゞ全体の半数を占め農業，教員，学生の者が多い」（高等法院検事局　1928）と記されているように，1925年に同法が施行された当初から，「治安維持法」違反として検挙された教員は多かったようだ。資料の制限もあり，朝鮮人教員の検挙状況の全容と内実を詳らかにすることは困難であるが，筆者が把握しうる範囲では，1930年代前半だけでも以下のような初等学校教員の検挙記録が確認できる。

・1932年10月8日，三升公立普通学校教員が「赤化教授」を行なったとして検挙。
・1933年4月，龍源公立普通学校教員が「不敬事件」で検挙。
・1933年8月18日，義城公立普通学校教員が「秘密結社決死会事件」で検挙。
・1933年10月，柳等公立普通学校で「赤化教授事件」で検挙。
・1933年■月，慶南咸安郡郡北公立普通学校教員金斗栄ほか14名が「教壇の赤化と街頭運動とを企画せる事件」で検挙。
・1934年10月12日，延岩公立普通学校教員が「教育勅語放火事件」で検

挙。
　さらに，朝鮮総督府警務局の「鮮内学校職員並学生生徒ノ思想事件検挙調」によれば，1940年代に入っても「治安維持法」違反で検挙される教員は後を絶たない状況であった。国家の政策意志と個人的志向が相克した結果，後者に重きをおき，それに従った教育活動に取り組んだ様子がうかがえる3件（いずれも1941年）の思想事件に着目してみよう。それぞれの事件の概要は以下のとおりである[4]）。

　①「不穏教授事件」1941年1月29日検挙
　　　昭和十四年以降検挙に至る迄の間，<u>教職にあるを奇貨とし教壇を通じ又は私宅に於て</u>，受持児童に対して朝鮮語使用奨励，日本歴史ノ虚構説，日韓併合反対，日支事変及反軍宣伝，志願兵制度反対等に関し不穏の宣伝教授を為したり

　②「国民学校訓導ノ不敬罪並治安維持法違反事件」1941年7月19日検挙
　　　朝鮮を独立させる為にはどんな苦しみが来ても最後迄頑張れ「勝利は信念にあり，汗を流せ，涙を流せ，血を流せ」等の<u>不穏事項を自己写真裏面に記し，之を卒業生に交付して</u>独立思想を注入せり

　③「国民学校訓導ノ教壇赤化事件」1941年7月30日
　　　全州師範学校を卒業して本校に着任以来<u>教職に在るを奇貨として同校児童に対し，教壇を通じ或は実習時間其他機会を捉へて</u>朝鮮独立を仄かし，共産社会制度を謳歌し又ハ厭戦乃至反戦的気分を■醸するが如き反時局的言動並に造言飛語を為したり

　これらの思想事件はいずれも民族意識の伝達・育成という「不穏」な教育活動が問題視されたものであるが，特筆すべきは，それらが教員という立場を利用して行われていた点である（下線部に注目）。国家の政策意志よりも個人的志向を優先させた一部の朝鮮人教員にとっては，自らの民族意識・文化を次世代（朝鮮人児童）に伝達するうえで，学校の教員は好適な職業であったといえよう。とくに，この時期における初等学校児童のほとんどは，すでに日本の植民地となった朝鮮半島に生まれ，帝国日本という枠組みのなかで朝鮮人としての民族

意識を理解せざるを得ない状況にあった。そのため，子どもたちにとっては，学校の朝鮮人教員とのかかわりが，民族的アイデンティティを形成するうえで，重要な機会の1つであった[5]。

このように，思想を形成するプロセスのなかでも，初等教育段階を重要な時期とした点においては，朝鮮総督府と一部の朝鮮人教員の着眼点は共通していた。皮肉なことに，当時日本は，植民地教育政策遂行のために朝鮮人教員を利用していた一方で，朝鮮人教員の一部は，それに抗う活動を展開するために教員という立場を逆に利用していたのである。

1943年，学校という教育の現場で，国家の政策意志に対する抵抗活動が後を絶たない状況について，当時の朝鮮総督であった小磯国昭は，「<u>思想事件により刑辟に触れたる教職員及び学徒の数近年依然として減少を見ざるの事実は</u>，過去十年以来期を画して一路改善向上し来れる物心両面に亘る同胞の福祉に対し正に逆行せる<u>朝鮮教育界汚辱の所産</u>として職に教学に携はる者の相共に慚愧せざるを得ない所であります」（京城日報社　1943）と述べている。

むろん，朝鮮人教員が皆，国家の政策意志と個人的志向との狭間で悩み，呻吟（しんぎん）したわけではないだろう。まして，個人的志向に従って行動し，検挙された教員となれば，かれらは全体のごく一部にすぎない[6]。そうした教員たちよりも多数であったのは，前述した安炳泰のように，内心忸怩たる思いを抱きながらも国家の政策意志に沿う（少なくともそれから逸脱しない）教育活動に取り組んだ教員らであった。

植民地期の朝鮮で初等学校に通い，のちに自らも教員となった申鉉夏という人物は，初等学校に通っていたある日，ひとりの朝鮮人教員から，「学校では朝鮮語を教えなくなったけれども，家では続けて勉強しなければならない。われわれは朝鮮人だし，朝鮮語はわれわれの言葉だから…。分かったね」（申鉉夏　1996）と密かに言われたことや，自身が教員として赴任した学校では，日本語による「皇国臣民教育」に内心では反発と抵抗を続けながらも勤務したことを自著に残している。葛藤をかかえ，自責の念に駆られながらも自らの立場や役割に向き合う姿にこそ，当時の朝鮮人教員のリアリティが感じられる。

（2）植民地期朝鮮における日本人教員

つぎに，植民地期朝鮮の初等学校で朝鮮人児童の教育を担った日本人教員に着目してみよう。求められた役割と個人的志向が乖離していたがゆえに朝鮮人教員の一部が葛藤をかかえながら教壇に立っていたことは，支配／被支配という関係性や「民族」的出自といった要素を勘案すれば決して不思議なことではない。実際，葛藤や苦悩，ときには悔恨やうしろめたさを伴いながらも表面的従順というかたちでやり過ごすこともあれば，相克の均衡が崩れ，いわゆる「不穏思想事件」として個人的志向が生々しく噴出することもあったことは前項で見たとおりである。

他方，日本人教員は，そうした朝鮮人教員とはおかれた立場が著しく異なる状況であったが，かれらのなかにも国家の政策意志と個人的志向が相克するなかで悩み，自らの道を模索した教員が少なからず存在した。以下では，国家の政策意志と個人的志向が相反したため，後者に従って活動した日本人教員のひとり，上甲米太郎のケースに着目してみよう。

上甲米太郎は，1902年に愛媛県で生まれた。1920年3月，愛媛県立大洲中学校を卒業したあと，同年4月に朝鮮・京城へ渡っている。朝鮮へ渡ると，京城高等普通学校附設臨時教員養成所に入り，1921年3月に卒業してからは，1年現役兵として入営。1922年4月に除隊したあとは，慶尚南道の咸安公立普通学校教員を皮切りに，冶炉公立普通学校長，昆明公立普通学校長を歴任した日本人教員である[7]。

上甲は，昆明公立普通学校長在任中の1930年12月5日に「治安維持法」違反で逮捕されている。逮捕前月に発行された『新興教育』には，彼の投稿文が掲載されている。上甲が匿名で寄せた，「朝鮮の一教員より」という投稿文のなかには，「児童に対する愛から，被圧迫民族を解放してやろうとする熱情から出た教育が，朝鮮に一でも行はれてゐるか」（上甲 1930）という一文がある。朝鮮人児童を帝国日本の「忠良ナル国民」として育成することを最大の目的として掲げた初等学校の校長，しかも日本人校長が，朝鮮人児童のことを「被圧迫民族」とし，その「解放」について公言するということは，当時の状況にお

いてはきわめて稀有なことである。このことからも，当時の教育政策が上甲個人の教育理念・思想とかけ離れたものであったことは明白だ。

では，上甲が「治安維持法」違反で逮捕された経緯と理由の概略をみてみよう[8]。

上甲が逮捕されるきっかけとなったのは，1930年11月29日，京城師範学校に在学中の朝鮮人生徒（趙判出）に宛てた上甲の書信の内容に「容疑の点」が見つかり，ただちに，その生徒が検挙されたことである。その生徒の検挙・取り調べの結果，関係者として，東京で山下徳治と西村節三が，朝鮮慶尚南道で上甲が，京城で菊池輝郎が検挙される結果となった。本書では，ここに登場する上甲以外の3名の日本人がどのような人物であったかについての詳しい説明は割愛するが，いずれの人物も上甲とは思想的つながりをもついわば「同志」であった。

そうした「同志」を新たに得るため，上甲が寄稿した前出の雑誌『新興教育』を各地の学校に密かに郵送して勧誘活動を行い，国家にとっての「不穏思想」の醸成を図ったこと，そのほか，上甲が「同志」を通じて活動の「宣伝」に努めたことなどが朝鮮人生徒への取り調べで明らかとなり，上甲の逮捕に至ったのである。

上甲は逮捕される直前，新たな「同志」を得るため，信頼する日本人教員の山田鉄男（晋州公立普通学校）と，中西勝三郎（武安公立普通学校）に『新興教育』を送っていた。山田鉄男に『新興教育』を送付する際，上甲が同封した手紙が「教育労働者組合事件の判決」に所収されている。以下の文章はその手紙の一部である。

「只この「本」（『新興教育』—引用者注）を読んで呉れればそれでよい。だから万一のことがあっても僕の配布したと云ふ廉によって首になる以上は進まぬ筈だから安心して黙って読んでゐてほしい。…（中略）…京城にもよき同志が居て善き便りをくれてゐるます。呉れぐれも校長に察しられぬこと。賛成したら黙って居て宜しい。反対なら本を送り返して呉れ。」（京城地方法院　1931）

「京城にもよき同志が居て」とあるが，これは先に検挙された朝鮮人生徒と菊池のことをさしており，「善き便り」とは，彼らから送られてくる勧誘活動の成果報告であった。このように，上甲は，自らの知人で，信頼するに足る教員仲間に『新興教育』を送り，「呉れぐれも校長に察しられぬこと」と注意を払いながら活動の拡大を図っていたのである。

また上甲は，武安公立普通学校教員の中西にも勧誘の手紙を送っているが，それに対して何の反応もない中西に対し，後日，次のような手紙を再度送付している。

　「この前の手紙に何の反響もないとは悲しいね『新興教育』十一月号を一部送る引続いて兎に角三，四ヶ月送って見やうか，一読んでほしい。然して之以上のことを求めやうとも思はない。下手をして『新興教育』を友に送ったとの理由で首になるが落ちかも知れぬが他人に迷惑は掛け度くないと思ってゐる。無論兄を見込んで送るのであり，それだけに相当覚悟もしてゐる。…（中略）…新しい時代には新しい良心が必要だと云ふのが僕の地論(ママ)だ。相当鋭い神経を持ってゐる田舎の兄の心底に何も無いといふわけがない。今の若さをお互はみすみす何のために過してゐるかを反省して見るが好い。」（京城地方法院　1931）

この手紙に同封した『新興教育』の11月号とは，先に引用した，上甲の「朝鮮の一教員より」という文章が掲載された号である。この手紙からは，「首になるが落ちかも知れぬ」という覚悟と，自分が「相当鋭い神経を持ってゐる」と見込んだ中西を何としても奮起させようとする上甲の強い思いを読み取ることができる。

このように，普通学校の校長である上甲によって秘密裏に行われていた活動は，発覚後，「教育労働者組合事件」とされ，その特徴が次のように記されている。

　「事件は子弟教育の重任を有する教育者の赤化を図り其立場を利用して純真なる子弟に対し階級的意識を注入せんとするが如き国民思想の涵養上真に寒心すべきものであり朝鮮に於ては未だ其例なく社会の耳目を聳たゝしたも

のであった。」（京城地方法院　1931）

「子弟教育の重任を有する教育者」が，「其立場を利用して」いたという点は，先にみた，朝鮮人教員による思想事件とも共通する特徴である。

上甲は懲役2年に処され，一連の「事件」は終息したが，彼の思想や活動は，同じ朝鮮における日本人教員の一部にも影響を与えた。

そのひとりに岡本晃という人物がいる。岡本は，「朝鮮人の児童や青年達を，帝国主義××（日本のことか─引用者注）の奴隷としておくために，どんな風に教育をしてゐるか─植民地教育の正体はどんな風か少しばかり書いて見よう」（岡本晃　1932）という趣旨で，『新興教育』の1932年4月号に「朝鮮に於ける初等教育」という文章を寄せている。まず何より，朝鮮における初等教育が，朝鮮人児童を帝国主義の「奴隷」としておくための教育と表現されている点が注目される。岡本は，本論のなかでも初等学校での朝鮮語の使用禁止について批判するほか，「奴隷教育」「教育的差別」「日本帝国主義者の忠実な手先共の教育的欺瞞」という文言を用いながら当時の教育政策およびそれに従順な教員らを痛烈に批判している。

現職の日本人教員からここまで露骨な批判の声があがることは，当時の状況においては珍しく，朝鮮総督府にとっては，上甲米太郎の事件と同様，「真に寒心すべきもの」であったことはいうまでもないだろう。

筆者はこれまで，朝鮮の初等学校で働いた元日本人教員たちへの聞き取り調査を行ってきた。聞き取り調査によって得られた証言のなかには，上甲や岡本のように，自ら声を挙げ，活動するまでには至らずとも，子どもたちに朝鮮語の使用を禁じることに疑問や罪悪感を抱いていたり，朝鮮の社会や人々を差別する同僚に嫌悪，憤怒の感情を抱いていたといった語りが多く含まれる。2000年代に行った聞き取り調査での証言であるため，事後的な自己弁明，認識の修正が自覚的・無自覚的に行われている可能性も否めないが，当事者たちによって語られる当時の様子からは，日本人教員という立場であっても，国家の政策意志と個人的志向が相克し，教育活動に葛藤や疑問をかかえていた教員らがいたという実態をうかがうことができる。

3 教員は国家を超越できるか

 2 では，植民地期朝鮮における朝鮮人教員と日本人教員の事例に着目したが，それは何のためであったか。ここで改めて本章全体の課題に立ち戻ってみよう。

 1 でも述べたように，学校教員という存在については，その誕生経緯から，国家との関係性を抜きに説明することができない。より明示的にいえば，国家の規定や制約から完全に自由な学校教員など存在しえないのである（本人がそれを自覚しているか否かにかかわらず）。教員はそのような存在であるがゆえに，恣意的な権力の発動によって教育の制度や内容が大きく変わるときには， 2 でみたような葛藤や相克が生じやすい。時間的・空間的条件が異なるため，今日の教員の姿とは重ねづらいかもしれないが， 2 で述べた内容は決して過去の特殊な現象として片付けられるものではない。歴史のなかに生きた過去の教員の姿に着目したことは事実だが，その眼目は，現在・未来における教員という存在についての考察を促すことにある。

　過去における教育制度や教育内容の過度な国家への従属を事後的に反省することは可能だろう。しかし，そうした反省のうえに立ったとて，今後の学校教育・教員が国家の制約から完全に自由であることはできない。国家からの制約を受けない子どものための「純粋な」学校教育や教員というものを信じる人がいるかもしれないが，それは虚構であり，そうした虚構の追求はむしろ，学校教育と国家との密接な関係をみえにくくする。

　むろん，だからといって教員は求められる役割や制約を無批判に受容するばかりの存在でないことは，過去の教員の実態からも明らかだ。そのことを事実に即して示すことをめざしたため， 2 ではどちらかというと，求められる役割や政策に抗う教員の姿をクローズアップした。しかし同時に，大多数の教員がそうではなかったこともやはり紛れもない事実である。つまり，教員たちの教育活動や振る舞いは，「従順／抵抗」という明確な二分でもって説明し尽くせるような単純なものではないのだ。

　日々の教員生活のなかでは，国家との関係という「大それたこと」など考

もしないという教員も多いだろう。しかし，今日においても教員が1人の人間として子どもと向き合おうとすれば，ときに，国家から求められる役割や政策が桎梏となることもあるだろう。学校の教員という立場であるがゆえに生じる葛藤のなかで各人がどのような方途を見いだすのかということについて考えるとき，「大それたこと」であったとしても，やはり教員と国家の関係性について目を向けざるをえないのである。

　今後も学校教育は社会的な枠組みのなかでデザインされ，国家に規定されることは変わらない。その学校教育を教員たちが現場で担い続けることもまた同様である。では，教員はやはり国家という存在を超越することはできないのだろうか。このことについて考えるためには，学校教育が国家への制度的従属性を帯びながらも，他方でそれが学習権を保証するための仕組みとして，また，情報や文化を後世に伝達する仕組みとして人々から要請されたものでもあることを忘れてはならない。つまり，教員は人々のそうした要請に応える立場としての役割と責任をも負っているのである。そのことを念頭におくと，教員を単なる政策の担い手として片付けることはできず，場合によっては，国家と教員との間に新たな緊張関係が生じることになる。たとえば，制度化されたシステムのなかの教員という立場で自身が国家を超越することができないにしても，政治文化を変えうる能動的な市民を育成するという意味においての「超越」は可能だろう。2で例示したように，植民地期の朝鮮半島における学校教育は，支配の浸透を図るものであると同時に，それを批判的に阻もうとする人間を育てる可能性も宿していた。

　小玉重雄が指摘しているように，今後の公教育を構想するうえでは，近代国家形成期から志向されている「国民教育」を追求するのか，あるいは，新たな市民教育としての公教育を追求するのかということが重要な争点となるだろう（小玉　2015）。この点について議論する際には，社会全体のなかで教員という存在をどのように位置づけるかという問題を避けては通れない。そして，このような自らの役割や存在意義を大きく揺さぶる議論が行われるとき，教員たちは決して傍観者であってはならず，当事者としてその議論に参加しなければな

らない。

　いずれにせよ，国家との対峙は教員の宿命である。国家は必ずしも一貫した教育政策を展開しつづけるわけではない。その一方で，教員は学校という現場で日々，教育活動に取り組み続ける。途中でいかに大きな政策の転換が訪れたとしてもである。

　これからも，「教育改革」によって学校教育の制度と内容が大きく変わるとき，教員たちは，自分たちがおかれた状況と枠のなかでどのような実践者（教育の専門家）であるのかが問われることになるだろう。いや，「改革」という大きな変化のなかにあるときだけでなく，教員は常に求められる役割や現実的な制約と個人の志向とが相克するなかで日々子どもたちと向き合いつづけるのである。

　※本文中の傍点，下線はすべて筆者によるもの。また，■は判読不可を示す。

深い学びのための課題
1. 教員に求められる資質や能力は，国や自治体によってその内容が定められるべきものだろうか。
2. 国の教育政策と自分が実践したい教育活動に距離がある場合，どうするか。具体的な例を設定して考えてみよう。
3. 「学校で働く教員とは一体どのような存在だろうか」という問いに対し，国家との関係性という観点から自分なりに答えてみよう。

注
1) イ・ヨンスクによれば，明治初期の日本には，「国語」という理念は存在せず，「日本が近代国家としてみずからを仕立て上げていく過程と並行して『国語』という理念と制度がしだいにつくりあげられていった」（イ・ヨンスク　2012）という。
2) 1886年に公布された「師範学校令」には，「師範学校ハ教員トナルヘキモノヲ養成スル所トス但生徒ヲシテ順良信愛威重ノ気質ヲ備ヘシムルコトニ注目スヘキモノトス」（第1条）とある。ここにある「生徒」とは，師範学校の生徒，すなわち卒業後に教員となる人々のことをさしている。したがって，「順良信愛威重」という「気質」は，教員として養成される段階から求められたものであったことがわかる。
3) 植民地期朝鮮における教育は，当初から日本人（「内地人」）を対象にした教育と朝鮮人を対象に

した教育とに区別され，民族による別学の形態をとることを原則とした。初等教育の場合，1910〜1937 年度までは，日本人（「内地人」）児童を対象とした初等学校は小学校，朝鮮人児童を対象とした初等学校は普通学校とされ，名称自体が異なる。前者に比して後者での教育の程度・内容は低く設定され，修業年限も異なる（小学校は 6 年制，普通学校は 4 年制）。1922 年度以降は，「国語ヲ常用スル者」／「国語ヲ常用セサル者」という新たな区分が設けられ，「国語」（日本語）の使用状況に応じて通う学校を決定するようになったため，制度的には日本人（「内地人」）と朝鮮人の共学が可能となった。さらに，1938 年度からは両者ともに小学校，1941 年度からは国民学校と名称が統一されたが，これによって完全な共学が実現したわけではなく，おもに日本人（「内地人」）が通う小学校・国民学校／おもに朝鮮人が通う小学校・国民学校という区分が 1945 年まで残存したのが実態であった。植民地期朝鮮における初等教育の制度的状況については，拙著『植民地朝鮮の学校教員―初等教員集団と植民地支配―』（九州大学出版会　2011 年）を参照されたい。

4）事件の概要はすべて，朝鮮総督府警務局「鮮内学校職員並学生生徒ノ思想事件検挙調（自昭和十五年十二月至昭和十六年九月）」（朝鮮総督府『昭和十六年十二月第七十九回帝国議会説明資料』1941 年）による。

5）朝鮮人児童の民族意識を育成するうえで，学校の教員が恰好の職業であるということは一部の朝鮮人教員たちにはっきりと認識されていたようである。ある朝鮮人教員の証言によれば，「そうだ。われわれは幸いなことに，日帝から第二国民の教育を任されている。われわれの教え子たちに朝鮮語を教え，朝鮮人として育て上げればよいではないか」（申鉉夏　1996）と密談していたという。

6）本項では，こうした教員らが存在したという事実をもって，多様性を内包したであろう朝鮮人教員集団を概括するものではなく，あくまで当時の状況下で確認された教員の実態の一部を，国家の政策意志と教員の個人的志向の相克という観点から例示するものであることを念のため断っておきたい。とくに，当時の教員集団について論じるうえでは，国家の教育理念に心酔し，その積極的推進者となった教員らの存在を捨象すべきではないことを付言しておく必要があるだろう。次項の日本人教員に関する記述においても同様である。

7）京城地方法院「被告の身上調査其思想」（京城地方法院「教育労働者組合事件の判決」所収，1931 年）参照。なお，上甲米太郎が残した日記は，「上甲米太郎日記」として，学習院大学東洋文化研究所に所蔵されている。

8）上甲米太郎が逮捕された詳しい経緯と事件の内容については，高麗博物館編『植民地・朝鮮の子どもたちと生きた教師 上甲米太郎』および山下達也『植民地朝鮮の学校教員』を参照されたい。

引用・参考文献

安炳泰（2000）『逆風に飛び立った子ら』スリーエーネットワーク，57-60 頁
イ・ヨンスク（2012）『「国語」という思想―近代日本の言語認識』岩波書店，ix 頁
岡本晃（1932）「朝鮮に於ける初等教育」『新興教育』4 月号，25 頁
木村元・小玉重雄・船橋一男（2015）『教育学をつかむ』有斐閣
教育職員養成審議会（1997）「新たな時代に向けた教員養成の改善方策について」教育職員養成審議会・第 1 次答申
久冨善之編（1994）『日本の教員文化』東京大学出版会
京城地方法院（1931）「上甲より山田鉄男に宛てたる手紙」「上甲より中西勝三郎に宛てたる手紙」「事件の経過概要」『教育労働者組合事件の判決』所収
京城日報社（1943）「小磯総理の展望」第 4 輯，283 頁
高等法院検事局（1928）『朝鮮治安維持法違反調査資料―大正十四年五月十二日施行日より昭和三年二月末日迄確定判決―』
高麗博物館編（2010）『植民地・朝鮮の子どもたちと生きた教師 上甲米太郎』大月書店

上甲米太郎（1930）「朝鮮の一教員より」『新興教育』11月号，42頁
申鉉夏（1996）『恨の海峡』，石風社，80頁，95-96頁
朝鮮総督府（1911）「朝鮮教育令」第2条，第3条
鶴見俊輔（2010）『教育再定義への試み』岩波書店
ベネディクト・アンダーソン／白石さや，白石隆訳（1997）『想像の共同体―ナショナリズムの起源と流行』〔増補版〕NTT出版
山下達也（2011）『植民地朝鮮の学校教殷―初等教員集団と植民地支配』九州大学出版会

終　章
これからの教員のために

1 「学び続ける教員像」をめぐって

　本書でたびたび論及されているように，2012年8月の中央教育審議会答申「教職生活の全体を通じた教員の資質能力の総合的な向上方策について」が，教員を「高度専門職業人」として位置づけるために「学び続ける教員像」を確立すべきと提起し，2015年12月の答申「これからの学校教育を担う教員の資質能力の向上について―学び合い，高め合う教員育成コミュニティの構築に向けて」が「学び続ける教員」を支えるキャリアシステムを提案した。そして実現のために，2016年の教育公務員特例法等の改正がなされた。

　専門職たる教員が絶えざる研究によって力をつけていかねばならないことは，日本においても（たとえば，教育公務員特例法），国際的にも（たとえば「教員の地位に関する勧告」）確認されてきたことであり，「学び続ける教員」が改めて提起されたことの重要性はいうまでもない。

　しかし，この「学び続ける教員」について，本書の各章で繰り返し問われてきたのは，その「学び続け方」である。「なんのために学ぶのか」を教員が自ら考えて学びを設定しているのか―国や県の教育施策で「現代的教育課題」といわれた事項への直接的対応力とその不断の向上をはかることが学ぶことになっていないか（第6章），単に課題に応えることのみに目を奪われれば，個別化・矮小化した資質能力を機械的に身につけるという発想に陥る（第2章），PDCAサイクルの「P」＝計画の根底をなす教育目的が教員にとって外的に与えられたものになっていないか（第4章）―という問いである。

　今年で90歳を迎える教育学者は，「このごろの学校の先生は，学ぶのがとても下手で，教えるのがとても上手」という指摘がなされたのをうけて，「自分

で考えて自分で学ぶことをやらずに，学習指導要領とその参考書や資料集を頼りにしてやれば大丈夫だと考える先生が増えました。どうしてこれをやらなければいけないのか，なぜこちらではだめなのか，別の考えはないのかという疑問を持たない先生が増えてきているのです」と述べている（牧　2016）。

　目の前の子どもたちにとっての課題，自分たちの学校職場で問題になっていることを教員（たち）自身が検討し，それらの課題に応えるために教員である自分（たち）が学ばねばならないことは何かを見極める過程が必要なのである。しかし，多忙で疲弊した状態では，これは現実的には重くむずかしい。そして，そのことが序章でふれた，教育の場でのスタンダード化やマニュアル化の進行が受容される素地ともなっている。

　2016年の法改正により，「キャリアステージに応じて身に付けるべき資質の目安を踏まえた体系的なもの」（『教育委員会月報』2017）として策定されることになったのが「教員育成指標」（校長及び教員としての資質の向上に関する指標）である。教育公務員特例法では，この「指標」は任命権者（都道府県教育委員会など）が組織する「協議会」で協議し任命権者が策定すると定められており，その「協議会」は教育委員会と関係大学などで構成するとされている。「指標」が教員として育つための目安であるなら，教員の学びと育ちについて，今日的な実態・必要・困難を最も具体的につかんでいるはずの教員は「指標」の策定と運用にどのようにかかわるのか。実際に設置された協議会の構成や運営についてはこれから検証していかねばならないが，法律の定めでは，「指標」はその策定に教員自身がかかわる制度になっていない。教員が専門職であるなら，資質や能力の目安という教職全体の質にかかわる問題に関与するルートが保障されねばならないだろうし，また，専門職集団として集団的に考え自己規律していくことも必要ではないだろうか。

2　学び続けるために

　「学び続ける教員」としての学びは，大学における教員養成の段階からスタートする。ここで改めて第1章で解説された「大学における教員養成」に込

められている意味に立ち戻る必要がある。「大学における教員養成」の原則が採用された戦後教育改革期，文部省教職員養成課長が著した解説書では次のように述べられていた（玖村　1949）。「いうまでもなく今後の大学は…（中略）…自由にしてかつたつな個性ゆたかな社会的協力者を育成しようとする。その学生生活にも多彩な活動が奨励せられ，学生相互のせつさが出来るように運営せられようとしている。このような新しい大学の在り方から人間としての高い教養を身につけ深い専門研究によって特色ある個性の完成を期待し，そのような人が自らの学生生活の体験をとおして児童青年の教育にあたることに大きな教育的意味を見出すのである」と。教員をめざす者は，学問する場としての文化的風土のなかで研究的に学び，個性的な大人となって子どもの前に立ち現れてほしいということである。

　学問するということでは，近年，英国で「研究リテラシー（research literacy）」の獲得を教員養成の段階で身につけるキイ要素とし，すべての教員の権利とすべきと提言されたのが注目される（英国教育学会・王立技芸協会　2014）。ここでいわれる研究リテラシーがあるとは，研究に「取り組む」こと―なぜそれが重要なのか，そこから何を学びうるのかを理解し，批判的認識と健全な懐疑主義のセンスをずっと維持すること―ができるということである。"理論と実践との往還"というとき，実践・現場体験と相対させる「理論」について，自身が研究的に学ぶ経験を積んでおいてこそ，自身の実践行為の意味を深く解釈する「省察」が可能となり，それによって確かな実践的指導力の獲得ができる。問い続け，深く考え，想像し，創造し，自分自身の世界を読み取り歴史をつづるような学びを提起したユネスコ『学習権宣言』（1985）を，教員となる（教員である）自らの学びの問題として想起してほしい。

　今日，グローバル化が進み社会の多様化と価値の多元化が急激に進行するなかで，教員が学校や教室で出会う子どもたちの家庭的背景や文化的ルーツ，ニーズが多様化し，これまでの経験では対応できないような状況が世界的に広がっている。学校や教員への社会的期待はいっそう複雑になり，その役割は常に問い直されざるをえない。

たとえば，日本社会における格差の拡大や貧困化の進行は，すでに日本型「階級社会」の出現といった段階に至っており，しかも，格差や不平等を人々の意識が受け入れ支える構造になっているとの指摘もある（橋本　2018）。教員の仕事は子どものなかに社会を見ることにならざるをえないこと，そのようにしなければ子どもを理解しきれないものであることの認識が，いっそう重要になりつつある。

　こういった世界において，公教育は，格差や不平等の拡大を無作為で放置するのではなくsocial justice（社会的正義，社会的公正）の実現をめざさねばならず，教員は公教育の担い手であるゆえに社会的公正をめぐる諸問題に責任を負う専門家であるべきだ，という認識が国際的には広くもたれるようになっている[1]。社会的公正のためには学校現場で実践する教員にはどのような知識やスキルが必要であるのかが検討され，人権への意識と多様性への対応力をもつ教員を養成するために，たとえばアメリカの大学では社会的正義を志向する教員養成プログラムが開発・実施されている（高野　2018）。

　多様化にどう向き合うのかというのは，子どもの側についてのことだけではない。日本の場合，教員は医師と並んで，早くから女性が進出できた専門職であり，1960年代にはすでに「全般的にいって，教職は婦人にとって，最も同権が保障され，長続きのする職場となっている」といわれていた（『教育事典』1966）。しかし，現実には，「平等」であるがゆえの過酷さ―家庭責任との二重負担やそれを要因とする早期離職―や，ジェンダー不均衡―管理職が少ないことや低学年配置が多いこと―が存在してきた。日本の学校の女性教員比率は，とくに中学校より上級の学校種では国際的にみて明らかに低い状態であり，しかも前述の問題は今日に至っても解決されてはいない。教員集団自身のなかで女性教員がどのように扱われるかは，多様性を外的な問題ではなく教員自身の問題として考えることである。また，非正規化の進行やチーム学校によって，学校で働く人々の職種や雇用形態が現在以上に多様化していくことは確実だ。そのような学校において社会的公正を実現しようとすることは，教職員のための問題解決であると同時に，子どもたちが学校で働く大人の実態を通して多様

性に対する構えと社会的公正の感覚を学ぶことにもつながる。

　序章で、「教員」と「教師」のちがいを説明した際、「教員」と「教師」の間に葛藤が生じることを述べた。グローバル化や社会状況の変化は、結果としてこの葛藤を増幅する方向に働くだろう。これらの社会変化は、それ自体が文脈依存性が高いという特徴をもつ教員の仕事を、より大きな歴史的・社会的・文化的文脈のなかに位置づけたうえで「省察」し、教育実践を規定する枠組み自体をも問い直すことを、これまでにもまして求めてくるものでもある。

　いま、ここにいる子どもの「最善の利益」（国連「児童（子ども）の権利に関する条約」）を実現し、子どもの人生の可能性を広げるために必要な支援は何かを見極め、他職種・他機関も含めてその支援を組織し、それによって子どもとその保護者に対する責任を果たしていくのが専門職としての教員の仕事のあり方であり、教員の職務の公共性である。では、そのために、自身は何をなぜ学ぶのか。この課題を設定しようとすること自体が前述の葛藤を引き起こしうる。しかし、この課題を引き受けることこそ教員の責任であり、また、その責任を担っていける条件（自律性、職場環境、身分・待遇、社会的威信）が社会的に保障されなければならない。

注
1 ）参考として、オードリー・オスラー・ヒュー・スターキー／藤原孝章・北山夕華監訳（2018）『教師と人権教育─公正、多様性、グローバルな連帯のために』明石書店。

引用・参考文献
英国教育学会・王立技芸協会（2014）『研究と教育専門職─自己改善型教育システムの可能性を構築する』
玖村敏雄（1949）『教育職員免許法同法施行法解説（法律篇）』学芸図書、16頁
──（2017）『教育委員会月報』5月号、6頁
高野貴文（2018）「アメリカにおける『社会正義』を志向する新たな教員養成プログラム」『日本教育経営学会紀要』第60号
橋本健二（2018）『新・日本の階級社会』講談社
牧柾名（2016）『ふたつの憲法を生きる─教育学者が次世代と語る戦後』花伝社、188頁
吉田昇（1966）「女教師」『教育事典（第3版）』小学館、194頁

資　料

○教員の地位に関する勧告（抄）
　　　　　　　(1966.10.5) 特別政府間会議
　教員の地位に関する特別政府間会議は,
　教育を受ける権利が基本的人権であることを想起し,
　世界人権宣言第26条,児童の権利宣言第5,第7および第10の諸原則ならびに諸国民間の平和,相互の尊重および理解の理想を青少年の間に促進することに関する国際連合宣言を遂行して,すべての者に適切な教育を与えることが国の責任であることを自覚し,
　不断の道徳的および文化的進歩ならびに経済的および社会的発展に不可欠の貢献をなすものとして,役立てることのできるすべての才能と知識を完全に利用するため,一般教育,技術教育および職業教育をより広範に普及する必要を意識し,
　教育の進歩における教員の果たす不可欠の役割ならびに人間性の開発および現代社会の発展に対する教員の貢献の重要性を認識し,
　教員がこの役割にふさわしい地位を享受することを保障することに関心を持ち,
　それぞれの国において,教育の制度および組織を決定する法令および慣習が非常に多様であることを考慮し,
　また,それぞれの国において,教育職員に適用される措置が,とくに公共の役務に関する規制が教育職員に適用されているかどうかによって多様であることを考慮し,
　これらの相違にもかかわらず,教員の地位に関してすべての国で同じような問題が起こっており,また,これらの問題は一連の共通の基準および措置の適用を必要としており,かつ,そのことを明らかにすることがこの勧告の目的であることを確信し,
　教員に適用される現行の国際諸条約,とくに,国際労働機関の総会によって採択された1948年の結社の自由及び団結権の保護に関する条約,1949年の団結権及び団体交渉権についての原則の適用に関する条約,1951年の同一価値の労働についての男女労働者に対する同一報酬に関する条約,1958年の差別待遇（雇用及び職業）条約ならびに国際連合教育科学文化機関の総会によって採択された1960年の教育における差別待遇の防止に関する条約のような基本的人権に関する文書の諸規定に注目し,
　また,国際連合教育科学文化機関と国際教育局とが合同で招集した国際公教育会議によって採択された初等学校および中等学校の教員の養成および地位に関する諸側面についての勧告ならびに国際連合教育科学文化機関の総会によって採択された1962年の技術教育および職業教育に関する勧告にも注目し,
　とくに教員に関連する問題に関する諸規定によって現行の基準を補足し,かつ,教員不足の問題を解決することを希望して,
　この勧告を採択した。
Ⅰ　定義
1　この勧告の適用上,
　(a)「教員」とは,学校において児童・生徒の教育に責任を有するすべての者をいう。
　(b) 教員に関して用いられる「地位」とは,教員の任務の重要性およびその任務を遂行する教員の能力の評価の程度によって示される社会的地位または尊敬ならびに他の専門職集団と比較して教員に与えられる労働条件,報酬その他の物質的便益の双方を意味する。
Ⅱ　適用範囲
2　この勧告は,技術教育,職業教育または芸術教育を行なう学校を含めて,保育所,幼稚園,初等学校,中間学校または中等学校のいずれを問わず,中等教育段階修了までのすべての国・公立および私立の学校のすべての教員に適用する。
Ⅲ　指導原則
3　教育は,最初の学年から,人格の全面的発達ならびに共同社会の精神的,道徳的,社会的,文化的および経済的進歩を目指すとともに,人権および基本的自由に対する深い尊敬の念を植えつけるものとする。これらの諸価値の枠内で,教育が平和ならびにすべての諸国民間および人種的集団間または宗教的集団間の理解,寛容および友好に貢献することを最も重視するものとする。

4 教育の進歩は，教育職員一般の資格および能力ならびに個々の教員の人間的，教育的および技術的資質に大いに依存していることを確認するものとする。

5 教員の地位は，教育の目的および目標に照らして評価される教育の必要性にふさわしいものとする。教員の適切な地位および教育職に対する社会的尊敬が教育の目的および目標の完全な実現にとつて非常に重要であることを認識するものとする。

6 教育の仕事は，専門職とみなされるものとする。教育の仕事は，きびしい不断の研究を通じて獲得され，かつ，維持される専門的知識および特別の技能を教員に要求する公共の役務の一形態であり，また，教員が受け持つ児童・生徒の教育および福祉に対する個人および共同の責任感を要求するものである。

7 教員の養成および雇用のすべての面において，人種，皮膚の色，性別，宗教，政治的意見，民族，社会的出身または経済的条件を理由とするいかなる形式の差別も行なわれないものとする。

8 教員の労働条件は，効果的な学習を最もよく促進し，かつ，教員がその職業的任務に専念できるようなものとする。

9 教員団体は，教育の進歩に大いに寄与することができ，したがって，教育政策の決定に関与させられるべき勢力として認められるものとする。

Ⅳ 教育目標および教育政策（略）
Ⅴ 教員養成（略）
Ⅵ 教員の継続教育（略）
Ⅶ 雇用および経歴（略）
Ⅷ 教員の権利および責任
  職業上の自由

61 教職にある者は，専門的職務の遂行にあたつて学問の自由を享受するものとする。教員は，生徒に最も適した教具および方法を判断する資格を特に有しているので，承認された計画の枠内で，かつ，教育当局の援助を受けて，教材の選択および使用，教科書の選択ならびに教育方法の適用にあたつて，不可欠の役割を与えられるものとする。

62 教員および教員団体は，新しい課程，教科書および教具の開発に参加するものとする。

63 いかなる監視または監督の制度も，教員の専門的な職務の遂行にあたつて教員を励まし，かつ，援助するように計画されるものとし，また，教員の自由，創意および責任を減じないようなものとする。

64（1） 教員の仕事についてなんらかの直接評価が必要とされる場合には，その評価は客観的なものとし，かつ，当該教員に知らされるものとする。
  （2） 教員は，不当と考える評価に対して不服を申し立てる権利を有するものとする。

65 教員は，児童・生徒の進歩の評価に役立つと思われる評価技術を利用する自由を享受するものとするが，個々の児童・生徒にいかなる不公平も生じないことを確保するものとする。

66 当局は，異なつた種類の課程および継続教育に対する個々の児童・生徒の適性に関する教員の勧告を正当に重視するものとする。

67 児童・生徒の利益のために，教員と父母の緊密な協力を促進するあらゆる可能な努力がなされるものとするが，教員は，本質的に教員の専門職上の責任である問題についての父母の不公正または不当な干渉から保護されるものとする。

68（1） 学校または教員に対して苦情を有する父母は，最初に，校長および当該教員との話合いの機会を与えられるものとする。引き続き，上級機関に苦情を申し出る場合には，文書によるものとし，かつ，その写しを当該教員に交付するものとする。
  （2） 苦情の調査にあたつては，教員は，自己を弁護するための公正な機会を与えられ，かつ，その経過は，公開されないものとする。

69 教員は，児童・生徒の事故を避けるために最大の注意を払うものとするが，教員の使用者は，校内においてまたは校外の学校活動において生ずる児童・生徒の傷害事故に際して，教員が損害賠償を負担させられる危険から教員を保護するものとする。

（中略）

Ⅸ 効果的な教授および学習の条件
85 教員は価値ある専門家であるので，教員の仕事は，時間および労力を浪費することがないように組織され，かつ，援助されるものとする。
  学級規模

86 学級規模は，教員が児童・生徒の一人ひとりに注意を払うことができるようなものとする。促進教育等を目的とする小集団または個人の教育のため，および必要に応じて視聴覚教具を用いる多人数の集団の教育のため，随時，措置を講ずることができるものとする。
(中略)
労働時間
89 教員の一日および一週あたりの労働時間は，教員団体との協議により定められるものとする。
90 授業時間を定める場合には，左(ママ)に掲げる教員の労働量に関するすべての要素を考慮するものとする。
 (a) 教員が受け持つことを要求される一日および一週あたりの児童・生徒数
 (b) 授業の十分な計画および準備ならびに教育評価に要する時間
 (c) 毎日の担当授業科目数
 (d) 教員が研究，課外活動ならびに監督事務および児童・生徒のカウンセリングに参加するために必要とされる時間
 (e) 教員が児童・生徒の進歩について父母に報告し，および父母と相談することのできる時間をとることが望ましいということ
91 教員は，現職教育の課程への参加に必要な時間を与えられるものとする。
92 教員の課外活動への参加は，過重な負担とならないものとし，かつ，教員の主たる職務の遂行を妨げないものとする。
93 学級での授業のほかに特別の教育責任を有する教員は，これに応じて正規の授業時間を軽減されるものとする。
年次有給休暇
94 すべての教員は，給与の全額を支給される十分な年次休暇をとる権利を享受するものとする。
研修休暇
95 (1) 教員は，給与の全額または一部を支給される研修休暇をときどき与えられるものとする。
 (2) 研修休暇の期間は，先任権および年金のための在職期間に通算されるものとする。
 (3) 人口集中地から離れた地域で行政当局がそのように認定した地域の教員は，他の地域の教員より多くの回数の研修休暇を与えられるものとする。
(中略)
X 教員の給与 (略)
XI 社会保障 (略)
XII 教員の不足 (略)
XIII 最終規定 (略)

〈名古屋大学教育法研究会訳〉

○セアート（CEART）勧告（抄）
［全教（全日本教職員組合）による申し立てに対する「教員の地位に関する勧告」の適用に関する ILO・ユネスコ共同専門家委員会中間報告〈第 4 次勧告〉：Interim report on allegations received from teachers' organizations on non-observance of the Recommendations of 1966 and 1997 concerning teachers Geneva, September 2008
Joint ILO-UNESCO Committee of Experts on the Applications of the Recommendations Concerning Teaching Personnel（CEART）］
（2008.11）ILO 理事会承認
はじめに
1 教員に関する勧告の適用に関する ILO・ユネスコ共同専門家委員会（CEART）は，ILO 理事会とユネスコ執行委員会双方の決定により 1967 年に設置された。CEART は ILO 及びユネスコ執行委員会によって，教員に関する国際勧告である 1966 年の ILO・ユネスコ教員の地位に関する勧告（以後は 1966 年勧告とよぶ）及び 1997 年のユネスコ高等教育教員に関する勧告の適用を監視し，促進する権限が与えられている。
2 CEART の活動はさまざまな情報源に基づいている。この情報源のなかには各国及び国際的な教員団体からの上記勧告のいずれか，あるいはその両方の適用状況に関する報告が含まれている。この情報がある特定の国における状況に関するものである場合，その情報は該当する勧告の一つあるいはそれ以上の項目が適用されていないという申し立てとして扱われることがある。そのような場合，ILO とユネスコ執行委員会が承認した手続きに従って CEART がその情報を受理する基準が満たされると判断すれば，CEART は当該国政府及び当事者である教員団体（複数の場合もある）の意見を求めることになる。申し

立てについて受け取った情報や他の関連する情報源からの情報に基づいて，CEART は ILO とユネスコ執行委員会に対し，提起された問題をどのように解決すれば，勧告が完全に適用されるかについて，CEART としての所見や勧告を報告する。
3 2000 年の第 7 回会議で，CEART は申し立ての処理方法を強化する措置を導入した。それは一定の条件の下で申し立ての状況を調査する事実調査ないしは「直接接触」の権限をもつメンバー 1 名を任命するというものである。このような手続きの発動は，申し立ての対象である国の政府と教員団体の両方が受け入れるかどうかにかかっている。この手続きは，本報告で取り上げる日本について初めて適用された。
4 本中間報告は ILO 理事会とユネスコ執行委員会に，これら二つの執行機関によって与えられた権限により提出される。この権限とは，3 年毎に開催される共同専門家委員会の定期会議の合間に，このような報告を作成し提出することによって，勧告適用に関する問題をよりタイムリーに解決することに役立てるというものである。

CEART が以前に受理した申し立てに関するその後の経緯
1 （オーストラリア関係・略）
2 （エチオピア関係・略）
3 全教及びなかまユニオン学校教職員支部からの申し立て

経緯
1 全教の申し立てとこれまでの経緯の詳細は，共同専門家委員会の第 8 回及び第 9 回会議報告（2003 年と 2006 年）及び中間報告（2005 年）〔第 8 回 CEART 報告（2003.11），CEART 中間報告（2006.1），第 9 回 CEART 報告（2006.10）〕に述べてある。2006 年報告において，共同専門家委員会は，大阪府のなかまユニオン学校教職員支部の主張する多くの問題が全教が提起した問題と同じであり，より広い文脈において取上げられるべきであると判断した。したがって本中間報告で共同専門家委員会は，なかまユニオン学校教職員支部の提供した情報を，2008 年 4 月に他の全国及び県の教員団体が調査団に対して提出した情報と合わせて検討した。

その後の展開
2 2006 年 10 月から 11 月にかけてジュネーブで開催された第 9 回会議において，共同専門家委員会は全教及び文部科学省を通じて日本政府から提出されたそれぞれの意見を検討した。両者の意見は，共同専門家委員会に全教のおこなった申し立てに関わる現状を調査するため日本に調査団を派遣することを検討するよう求めていた。2007 年に ILO とユネスコ執行委員会が検討し，公表を承認した第 9 回会議報告において，共同専門家委員会は，事務局の支援のもと，そのような調査団を日本に派遣し，問題を明らかにしたうえで，すべての関係者に対して解決のための提案をおこないたいという意図を表明した。調査団の負託事項などについての日本政府との合意を経て，調査は 2008 年 4 月 20 日から 28 日まで実施された。この調査団の構成は CEART 専門家 2 名とそれを補佐する ILO とユネスコの本部上級職員，及び ILO 日本職員である。東京，大阪，高松では関係する省庁，都道府県教育委員会（以下，教委），教員団体，使用者及び労働者の全国組織，PTA 団体の代表及び，調査団が面談を求めた独立した専門家との面接調査が実施された。この調査団報告は，本中間報告とは別に ILO の管理する CEART のウェブ・サイトから入手することができる。
〔http://www.ilo.org/public/english/dialogue/sector/techmeet/ceart08/ceartffr.pdf〕

所見
3 共同専門家委員会は申し立てによって提起され，これまでの共同専門家委員会報告で検討されてきた問題の解決のための所見と勧告を決定するにあたり，事実調査団（以下，調査団）の報告を慎重に検討した。調査団報告が述べているように，2002 年に全教からの最初の報告があって以降，本件の検討のなかで CEART は 1966 年勧告の規定に関わって主に三つの領域を問題にしてきた。
—専門性の向上，報償，懲戒に関する措置を含む教員の能力評価について
—教員の給与に関わる業績評価について
—これらの政策や運用に関する社会的対話の形式としての協議と交渉について
（中略）

勧告
教員評価，指導力，懲戒的措置

33 共同専門家委員会は，省レベルと県教育委員会を含めて政府（the Government, both at ministry level and prefecture boards）が，「指導力不足」ないし「指導が不適切である」と考えられる教員に関する教員評価制度への非好意的（poor）な見方を受け止め，措置を講じるべきであると勧告する。この措置には国のガイドラインと各県教育委員会による制度運用が，特にそれらが教室における専門職としての基準，責任，創意，自律性にどのような影響をもたらすかを継続的に検証することで，必要に応じて修正をおこなうことが含まれる。

34 共同専門家委員会は，日本においておこなわれる上記の検証と修正は，同僚性と専門職的協働という周知の日本的特質に依拠しておこなわれるべきであると勧告する。指導力不足教員を対象とする研修は，もっと学校を基礎にした制度と指導助言に重きを置くことが可能である。学校外での研修では，他の指導力不足と判定された教員とともに，普段の経験を整理したり，より一般的な事項を扱ったり，同僚間のネットワークやサポートグループを構築する機会を提供することができるだろう。

35 さらに共同専門家委員会は，教員が教育責任を果たすに足る資質と能力をもたないかどうか，改善の研修や教職以外への職種転換が必要かどうかを判定する客観的基準と適正手続きを保障する制度が本報告の所見に即して強化されるべきであると勧告する。このことが意味するのは，判定申請がなされる前に自ら意見を述べ，代理人を立てる権利が保障されるべきこと，また不服申し立て制度の公平性と実効性が保障されなくてはならないということである。

36 さらにこの点検と修正の過程においては，父母と生徒を含む，すべての教育利害関係者に広く受け入れられることを含めて，教育委員会が経験と良い実践を互いに共有する機会をもつこと，また持続可能な改善をおこなうことに，教員と教員団体が全面的かつ効果的な対話の過程を通じて積極的に貢献する機会が保障されるべきである。

業績評価

37 共同専門家委員会は，省レベルと県教育委員会を含めて，政府が，教員の給与と意欲に関係するようになっている教員評価制度を根本的に再検討すべきであると勧告する。この再検討は教員の受け止め方，動機づけ，教室への影響に関するより包括的な調査に基づいておこなわれるべきである。また，確固とした教員の専門職としての基準，責任，創意，自律性を基礎に，質の高い学習を実現するためには教員評価をどう運用するのが最善かについての広範な専門家からの助言に基づいておこなわれるべきである。

38 この点に関連して，またさらに教員制度に関する協議と交渉という点において，共同専門家委員会は，教員団体から示されたいくつかの原則を雇用当局に対して勧告する。その勧告とは，以下のとおりである。

—昇給に関する決定は，効果的なチームワークにマイナスとなる葛藤を生み出しかねないような，さらに大きな給与格差をつけないようにおこなう。

—主観的，表面的な評価を少なくするため，評価者にその職務遂行のための研修と時間をより多く与える。

—多元的な評価基準をより尊重する。

—私的な事項を対象としてはならないことは言うまでもなく，1966年勧告が規定しているように，評価が人種，肌の色，性，宗教・政治的見解，民族的あるいは社会的出身，経済的状況に関して差別的にならないようにする。

—教員団体の代表が参加する不服（異議）申し立て手続きに関する共通の合意を追求すること。さらに，その手続きはすべての教員に完全に周知されなければならない。

　　上記の教員の指導力に関する勧告に即して，教育当局は個人の業績評価制度のもつ否定的側面を避けるために，たとえば，他のOECD諸国で運用されている同僚評価や学校全体評価が日本の教育の将来のニーズと目標に合致しないものかどうかを検討すべきである。共同専門家委員会は，求められれば，事務局を通じて，そのような実践がどのようなものであるかを明らかにするために支援する準備がある。

39 下記のより詳細な条項に則って，共同専門

家委員会は，雇用当局が昇給とボーナスに関わる業績評価制度の今後の設計と実施を，教員を代表するすべての教員団体との誠実な協議と合意のもとでおこなうよう，すぐに措置を講じるべきであると勧告する。

交渉と協議

40　共同専門家委員会は，省レベルと県教育委員会を含めて，政府が教育団体との間で問題の性質に応じておこなわれるべき協議や交渉に対する方策を，1966年勧告の規定に即して再考するべきであると勧告する。教員の判定基準，判定のための制度，個々の教員に対する適正手続きの保障，そして業績評価制度に関する運用は，誠実な協議の対象でなくてはならない。同様に，特に業績評価の結果として，教員の給与と勤務条件に影響を及ぼす事項については，最終的には合意に至る交渉の対象でなくてはならない。

41　共同専門家委員会は，上記のような目標を達成するための改革のためには，教員及び教員の組織的代表からの実質的な意見にもとづいて決定がなされたり，決定が変更されたりすることを受け入れる組織文化の変化が必要であると理解する。さらに共同専門家委員会は，教職にとって関連のある問題に応じて協議と交渉をおこなう，より強く制度化された機構を構築する措置が講じられるべきであると勧告する。共同専門家委員会は，この努力と同時に文部科学省が策定したガイドラインに即して教員の専門的能力向上の措置がとられ，地方の雇用当局と教員団体双方の役割と責任が十分に理解され，合意された結果に向けて遂行されるべきであると勧告する。この点に関わって，さまざまな段階で，よい実践例が見出せるだろうという情報を調査団は受け取っている。そうした実践例はさらに具体的に分析され，もっと広範に適用されるよう，典型例として用いることができる。

42　共同専門家委員会は以前から，1966年勧告が，ある問題を管理当局の管轄外に置こうとするものではないことに留意してきた。しかし，教員団体との交渉に関する1966年勧告の多くの規定は，公務員に対して押し並べて適用される法的制約に基づき，論争的な問題が真の協議や交渉の対象とされることがない環境のもとでは実現できない。したがって，

共同専門家委員会は，当局は，この点についてILOの監督機関が以前におこなった勧告を適用すべきであると勧告する。〔ILO条約勧告適用専門家委員会とILO理事会結社の自由委員会のこれまでの報告を参照。〕

43　さらに共同専門家委員会は，ILO理事会とユネスコ執行委員会が次のようにすることを勧告する。
(1) 上記の所見及び勧告に留意すること。
(2) 日本政府及び日本政府を通じて各県教育委員会に対して，文部科学省が公表したガイドライン及び教員評価制度の手続き的保障を改善するために県教育委員会がとった措置への共同専門家委員会の讃辞を伝えること。
(3) 国とすべての教育委員会に対して，業績ないし成果に関する基準と手続きを含む，教員評価制度のいっそうの改善を1966年勧告の該当条項及び日本と諸外国における，関係する実践例に即しておこなうよう要請すること。
(4) 国とすべての教育委員会に対して，国と地方の教員を代表するすべての教員団体との交渉と協議に関して，1966年勧告の規定がさらに全面的に適用されるよう，該当する法規と運用を見直し，必要に応じて改めるよう要請すること。
(5) 教育委員会に対して，勤務成績が不十分であるとされた教員による不服申し立ての手続きが1966年勧告の原則に合致したものとなるよう要請すること。
(6) 日本政府及び教員を代表するすべての教員団体に対して，共同専門家委員会に上記の事項に関する進展と困難を通知し，その困難の解決に役立つと考えられる事項について，共同専門家委員会及びその書記局の専門的及び政策的助言をさらに検討するよう要請すること。

〈全日本教職員組合（全教）訳〉
※国・文部科学省の訳が公表されていないため，全教訳を抄録し，一部補筆した―浦野東洋一。
出所：『教育小六法（平成24年版）』学陽書房

索　引

[あ行]
ICT　30
ICT支援員　95
アクティブ・ラーニング　30
ALACTモデル　44,84
1条校　2,129
一種免許状　50
一般大学　17,19

[か行]
介護等体験　36
開放制　11,19,20
学習指導　104
学習指導要領　3,75,89
学校インターンシップ　32,39
学校運営協議会　96
関係課題　112
感情労働　76
義務教育学校　96
給特法　78,138,140
教育機会確保法　6
教育基本法　2,11,129
教育公務員特例法（教特法）　26,130,132,136
教育刷新委員会　11
教育実習　35
教育職員検定　51,52
教育職員免許法（教免法）　12,27,49
教員　1,108,152
教員検定　10
教員資格認定試験　50
教員の地位に関する勧告　23,32,132,145,173
教員不足　22,63
教員文化　114
教員免許更新制　31,50
教員養成指標（指標）　26,122,136
教師　1,108
教師塾　57
教師像　54,116,153
教職アイデンティティ　115
教職員組合　140
教職課程コアカリキュラム　27,32,40
教職実践演習　31,46,66
教職大学院　26,31
教職調整額　78
勤務時間内校外自主研修　132-134

計画養成　18
献身的教師像　116,119
公務災害認定訴訟　140
校務分掌　73,99
国際教員指導環境調査（TALIS）　69,74,75,90,137
国民　152
国立学校　131,147
子どもの最善の利益　6,142
コミュニティ・スクール　96
コンピテンシー　89

[さ行]
再帰性　42,76,83
実践的指導力　14,29,33,34
指導改善研修　133
師範学校　9,11,16
試補　13,22,25
使命感　14,40
社会的公正　171
小中連携　96
職員会議　79,123,143
職務上の義務　130
初任者研修　13,133
私立学校　56,131,143,147
スクールカウンセラー（SC）　93
スクールソーシャルワーカー（SSW）　93
セアート（CEART）　145,146,175
省察　43,44,47,81
省察的実践家　43,124
政治的行為の制限　130
聖職　2,9,130
生徒指導　104
選考　54
専修免許状　50
全体の奉仕者　2,130
全日本教職員組合（全教）　141
専門職性　114
専門性　113,122
総額裁量制　139
SOGI　90,106

[た行]
大学における教員養成　11,18,170
大卒労働市場　60

179

治安維持法　156
地位課題　111
地域学校協働活動本部　96
チーム学校　89,91,92,97-99,101,102,104
チャータースクール　87
長期派遣研修　132
特別非常勤講師　53
特別免許状　51

［な行］
二種免許状　50
日本教職員組合（日教組）　141
日本国憲法　11
能力課題　113

［は行］
バーンアウト　76
非正規教員　57,58,139
PDCA　78,84
不確実性　42,76,83,110,112

部活動　75,137
部活動指導員　94
服務　130
普通免許状　50
「ペーパーティーチャー」問題　21

［ま行］
学び続ける教員　29,121,135,168
身分上の義務　130
民主主義的専門職性　125
無境界性　42,76,85
免許外教科担任制度　53
免許状主義　49

［ら行］
履習カルテ　31,66
リベラルアーツ　17
臨時的任用　57,139
臨時免許状　51

[編集代表]
山﨑 準二（やまざき じゅんじ）　学習院大学教授
高野 和子（たかの かずこ）　明治大学教授

[編著者]
高野 和子（たかの かずこ）
　明治大学教授
　京都大学大学院教育学研究科博士後期課程退学，大阪外国語大学・立正大学等の非常勤講師，明治大学専任講師，同助教授を経て現在に至る
　〈主要著書等〉
　編著『これからの教育を読む』（三上和夫・太田和敬・平塚真樹と共著）労働旬報社
　　　『教育実習』〈教師教育テキストシリーズ15〉（岩田康之と共編）学文社
　　　『教職論』〈教師教育テキストシリーズ2〉（岩田康之と共編）学文社
　訳書『教育改革の社会学　市場，公教育，シティズンシップ』（G. ウィッティ著，共訳）東京大学出版会
　主要論文「イギリスにおける教員養成の『質保証』システム―戦後改革からの40年間」『明治大学人文科学研究所紀要』第77冊

未来の教育を創る教職教養指針　第2巻

教 職 原 論

2019年3月28日　第1版第1刷発行
2022年1月30日　第1版第2刷発行

　　　　　　　　　　　　　　　　編著　高野 和子

発行者　田中千津子　〒153-0064　東京都目黒区下目黒3-6-1
　　　　　　　　　　電話　03（3715）1501 ㈹
発行所　株式会社学文社　FAX　03（3715）2012
　　　　　　　　　　　　https://www.gakubunsha.com

Ⓒ Jyunji YAMAZAKI / Kazuko TAKANO　2019
　　　　　　　　　　　　　　　　　　　印刷　亜細亜印刷
乱丁・落丁の場合は本社でお取替えします。
定価はカバーに表示。

ISBN 978-4-7620-2835-9